重庆草业 2022

刘学福　陈东颖　李发玉　贺德华　主编

中国农业出版社
北京

编写委员会

主　任：贺德华　　向品居
副主任：李发玉　　潘　川　　晏　亮
委　员：贺德华　　向品居　　李发玉　　潘　川　　晏　亮
　　　　陈东颖　　尹权为　　刘学福　　吴　梅　　郭海海
　　　　黎光杨　　唐　军　　程宏伟

编 写 组

主　　编：刘学福　　陈东颖　　李发玉　　贺德华

副 主 编：尹权为　　李小琴　　吴　梅　　高　敏　　赖　鑫

编写人员：陈东颖　　刘学福　　尹权为　　郭海海　　黎光杨

　　　　　高　敏　　赖　鑫　　樊　莉　　陈志宏　　贺德华

　　　　　李发玉　　李小琴　　蒋林峰　　吴　梅　　张璐璐

　　　　　韦艺媛　　谭剑蓉　　张　鹏　　张　丽　　刘明秀

　　　　　熊建国　　罗　登　　陈怡峰　　杨　娥　　赵远平

　　　　　龚兰芳　　谭兴疆　　李小姝　　陈胡燕　　王天波

　　　　　武延风　　刘仕碧　　赵　洲　　雷　训　　袁　钢

　　　　　邹　铭　　彭　亮　　兰兴平　　阳　勇　　李　剑

　　　　　郑德菊　　李　洁　　黄凤禄　　赵　露　　杨克露

　　　　　龚国强　　袁勇飞　　黄维梁　　黄光林　　李金容

　　　　　许李丽　　庹　展

前言
PREFACE

　　为准确掌握重庆市饲草生产发展形势，便于从事、支持、关心重庆草业的各级领导、有关部门及广大草业工作者了解和研究全市草业发展情况，更好地推进畜牧业高质量发展，依照重庆市农业农村委员会办公室印发的《关于报送饲草产业统计调查有关数据的通知》，农业农村部畜牧兽医局印发的《关于报送饲草产业统计调查数据的通知》（农牧便函〔2022〕23 号）、《关于指导做好畜禽养殖场青贮饲料储备工作的通知》（农牧便函〔2022〕700 号）等文件要求，重庆市畜牧技术推广总站在线上举办了全市 2022 年草牧业调查统计技术培训班，组织开展了草业数据网上填报及相关工作。

　　在对 31 个区（县）报送的 2022 年草业统计数据资料进行归纳整理的基础上，收集了重庆市农业农村委员会、市畜牧技术推广总站发布的 2022 年全市畜牧业主推技术、主导品种，畜牧生产防减高温干旱和洪涝灾害技术措施，全市 2021—2022 年发布、实施的饲草暨相关的牛、羊方面地方标准等，编辑出版《重庆草业2022》一书，供读者作为工具资料书查阅。

本书正文分为 4 章：第一章为草业生产概况；第二章为草业生产统计，包括多年生饲草生产、一年生饲草生产、商品草生产、草产品加工企业生产、农闲田可利用面积、农闲田种草情况等；第三章为天然饲草地利用统计；第四章为重庆市草业相关地方标准制定统计(2021—2022 年)。附录包括草业统计指标解释、2022 年重庆市草业主导品种和主推技术名录、畜牧生产防减高温干旱和洪涝灾害技术措施等。

书中涉及的各指标统计数据未包括渝中、大渡口、江北、沙坪坝、九龙坡、南岸、巴南 7 个区；万盛经济技术开发区数据并入綦江区中。行政地区"石柱土家族自治县""秀山土家族苗族自治县""酉阳土家族苗族自治县""彭水苗族土家族自治县"分别简称为"石柱县""秀山县""酉阳县""彭水县"。

书中部分数据合计数和相对数由于计量单位取舍不同而产生的计算误差，未作调整。数据项空白表示数据不详或无该项指标数据。

前　言

由于个别区（县）统计资料收集不够完整，编辑时间仓促，加之水平有限，难免出现纰漏差错，敬请读者批评指正。

编　者

2023 年 8 月

目　录
CONTENTS

前言

第一章
草业生产概况

2022 年对中国乃至全世界来说都是极不寻常的一年。新型冠状病毒不断兴风作浪,人们深受其害。夏季重庆更遭遇了持续高温干旱灾害,我国南方尤其沿海地区也遭遇严重的洪灾水灾。

面对自然灾害造成严重损失、疫情带来重大影响等复杂、不利因素,重庆草业基于全市畜牧生产及畜产品保供需求,克服困难,及时贯彻、认真落实各级政府和有关部门制定的相应政策、技术措施,全面、准确领会国务院办公厅发布的《关于坚决制止耕地"非农化"行为的通知》(国办发明电〔2020〕24 号)、《关于防止耕地"非粮化"稳定粮食生产的意见》(国办发〔2020〕44 号),以及自然资源部、农业农村部、国家林业和草原局发布的《关于严格耕地用途管制有关问题的通知》(自然资发〔2021〕166 号)等文件精神,结合主管部门等发布的主推技术、主导品种应用推广,基本保证了饲草生产正常进行。

一、人工饲草种植生产情况

国家提出实施农业供给侧结构性改革以来,重庆市结合多年倡导的"粮(食)—经(济作物)—饲(草料)"种植业结构调整、果(树)—(饲)草结合、饲草种植加工利用示范带动及项目引领等,基本将近年严格执行新冠疫情管控、非洲猪瘟等动物疫病防控对饲草饲料生产加工贮存、物资贸易交易交割、交通运输物流仓储等带来的影响降到最低。牛、羊等草食牲畜养殖尤其是规模化养殖企业（场、户、合作社）通过订单、合同、预付定金、期货等不同形式，向饲草饲料生产、贸易专门企业订购饲草饲料，解决了"粮草"来源问题，较好地保证了生产经营活动不受大的影响。

（一）推广饲草生产利用成套技术，成效明显

2022 年 4 月，重庆市农业农村委员会以渝农办发〔2022〕78号文件发布年度全市农业引领性技术和主推技术。"饲草高效生产及养畜配套技术""杂交狼尾草规范化种植利用配套技术"作为草业主推技术，各区（县）根据情况广泛应用。因重庆市畜牧技术推广总站及时编制发布《春季饲草生产利用技术》《重庆市畜牧业生产防灾减灾技术措施》等技术资料，尽管夏天重庆大部遭受特大干旱灾害，但饲草生产面积基本保持稳定。

根据统计数据，2022 年全市人工种植饲草 30.06 万亩*，其中一年生饲草 27.14 万亩，多年生饲草 2.92 万亩（2021 年为 29.94 万亩，其中一年生饲草 27.57 万亩，多年生饲草 2.36 万亩），同比分别增长 0.40%、-1.56%、23.73%。人工种植饲草年末保留面积46.31 万亩，其中多年生饲草 19.18 万亩（2021 年为 46.49 万亩，其中多年生饲草 18.92 万亩），同比分别增长-0.39%、1.37%。

多年生饲草种植面积增幅较大，体现出在养殖从业人员较为紧张、缺乏的情况下，减少饲草种植环节过程中劳动用工的趋势和愿景。

（二）饲草总量略减，多数单产下降

从统计数据看，2022 年人工饲草产量（以干草计）44.76 万吨，其中一年生饲草 24.45 万吨，多年生饲草 20.31 万吨（2021年为 46.67 万吨，其中一年生饲草 25.91 万吨，多年生饲草 20.76万吨），同比分别下降 4.09%、5.63%、2.17%。

一年生的全株青贮玉米每亩单产 983.5 千克（以干草计，下

---

* 亩为非法定计量单位，1 亩≈666.67 米²。——编者注

同），分别比 2021 年的 1 071.6 千克、2020 年的 1 038.6 千克减少88.1 千克、55.1 千克，降幅分别为 8.2%、5.3%；多花黑麦草每亩单产 1 198.6 千克，分别比 2021 年的 1 249.2 千克、2020 年的1 240.6 千克减少 50.6 千克、42 千克，降幅分别为 4%、3.4%；饲用块根块茎作物每亩单产 608.3 千克，分别比 2021 年的 659.4千克、2020 年的 637.5 千克减少 51.1 千克、29.2 千克，降幅分别为 7.7%、4.6%。多年生的狼尾草每亩单产 2 167.1 千克，分别比2021 年的 2 484.8 千克、2020 年的 2 454.8 千克减少 317.7 千克、287.7 千克，降幅分别为 12.8%、11.7%；白三叶每亩单产 443.6千克，分别比 2021 年的 485.4 千克、2020 年的 487.4 千克减少41.8 千克、43.8 千克，降幅分别为 8.6%、9%；红三叶每亩单产508 千克，分别比 2021 年的 523.2 千克、2020 年的 522 千克减少15.2 千克、14 千克，降幅分别为 2.9%、2.7%。

多数饲用作物和牧草，尤其是多年生高产牧草单产明显下降，表明 2022 年夏天重庆创纪录的持续高温干旱灾害，对以低海拔区域为主的饲草生产和畜牧业造成了较大的不利影响。

（三）青贮饲草增加，储备意识增强

全年青贮饲草（以鲜草计）产量 20.32 万吨，其中一年生饲草15.16 万吨、多年生饲草 5.16 万吨。2021 年青贮饲草产量 19.9 万吨，其中一年生饲草 14.83 万吨、多年生饲草 5.07 万吨。同比分别增加0.42 万吨、0.33 万吨、0.09 万吨，增长 2.1%、2.2%、1.8%。

从青贮饲草数量的增加可以看出，经历了干旱灾害等特殊情况的"检验"，大家进一步认识到在养殖过程中做好饲草饲料储备工作的重要性；通过青贮等方式，可较好地稳定草食牲畜草料供给，确保畜牧生产经营活动正常进行。

（四）种植类别趋于集中

经过多年实践、试验、总结，受养殖方式改变、规模化率提升、从业人员减少、劳动力成本增加等乡村基本条件限制，具有营

3

养价值高、产量高、抗病虫害、可节省劳动力、能较好利用养殖废弃物、多年生、加工利用方便等多个特点的饲草品种更易得到大家认可和推崇。青贮玉米、多花黑麦草、狼尾草、红三叶、白三叶、青饲青贮高粱、饲用块根块茎作物、多年生黑麦草等牧草和饲用作物，逐渐成为首要选择种类。

据 2022 年统计数据，上述 8 类饲草年末保留面积 44.17 万亩，占重庆市年末保留总面积的 95.4%。其中，青贮玉米保留面积 7.4 万亩，比 2021 年的 5.94 万亩增加 1.46 万亩，增长 24.6%；狼尾草保留面积 5.13 万亩，比 2021 年的 4.25 万亩增加 0.88 万亩，增长 20.7%；青贮青饲高粱保留面积 2.01 万亩，比 2021 年的 1.77 万亩增加 0.24 万亩，增长 13.6%。

二、商品草生产与销售情况

2022 年，全市有丰都、梁平、永川、彭水等 6 个区（县）涉及商品饲草生产。

（一）种植面积增加

6 个区（县）种植青贮玉米、狼尾草、青贮青饲高粱等商品饲草 0.98 万亩，比 2021 年的 0.46 万亩增加 0.52 万亩，增长 113%，增幅翻倍。

（二）平均单产下降

2022 年单位面积加权平均产量（以干草计）1 708.8 千克/亩，比 2021 年的 2 214.3 千克/亩减少 505.5 千克，下降 22.8%。

降幅较大的主要原因，一是多年生的狼尾草受高温干旱影响严重，单产减少；二是青贮玉米、青贮青饲高粱种植面积增加，单产不及狼尾草，加权平均后，平均单产降低。

（三）青贮饲草产量及其销售量略降

2022 年生产青贮饲草 2.56 万吨，比 2021 年的 2.65 万吨减少 0.09 万吨，下降 3.4%。

销售青贮饲草 2.18 万吨，比 2021 年的 2.25 万吨减少 0.07 万吨，下降 3.1%。

（四）鲜草交易出现

2022 年在永川、渝北等地，有养殖场（户）直接购买饲草种植企业生产的鲜草，年销售交易 1.2 万吨。

三、草产品加工企业生产情况

2022 年，重庆有草产品加工企业 4 家。生产青贮玉米、狼尾草、青贮青饲高粱等青贮产品 1.76 万吨，比 2021 年的 1.42 万吨增加 0.34 万吨，增长 23.9%。

个别区（县）基层政府和/或有关部门对国家遏制耕地"非农化"行为、防止耕地"非粮化"利用政策解读片面、理解教条，未树立"大食物观"，未站在保障居民"菜篮子"和重要农（畜）产品供给角度。要全面、深刻领会习近平总书记"中国人的饭碗任何时候都要牢牢端在自己手中"讲话之精髓。"一刀切"地禁止、限制非基本农田饲草料生产，可能导致草产品生产加工企业生存艰难，草食牲畜规模养殖发展受阻。

四、农副资源利用情况

2022 年饲料化利用玉米秸、稻秸、红薯秧、花生秧、酒糟等农副产品和糟渣类资源 72.06 万吨，比 2021 年的 70.75 万吨增加 1.31 万吨，增长 1.85%。其中加工后利用 9.45 万吨，比 2021 年的 8.71 万吨增加 0.74 万吨，增长 8.5%。

五、农闲田利用情况

重庆充分、有效利用大量闲置的季节性农闲田（地）、撂荒地，种植适宜牧草或饲用作物，用以养殖草食畜禽，是全市畜牧业发展、保障和丰富群众"菜篮子"的潜力所在。

（一）农闲田可种草面积

据不完全统计，2022年重庆全市农闲田可种草面积525万亩，比2021年的498万亩增加27万亩，增长5.4%。

（二）农闲田已种草面积

据不完全统计，2022年重庆全年利用可种草农闲田种植饲草面积14.55万亩，比2021年的13.06万亩增加1.49万亩，增长11.4%。其中，果园隙地种草0.8万亩，约占可种草面积的1%。

六、天然饲草地利用情况

基于2018年全国草原资源清查结果，重庆部分天然饲草地可作为草食畜牧业生产发展的一个补充。

据不完全统计，2022年重庆市天然饲草地累计承包面积126.24万亩，比2021年的125.36万亩增加0.88万亩，增长0.7%。禁牧休牧轮牧面积78.2万亩，比2021年的78.5万亩减少0.3万亩，下降0.4%；其中轮牧面积32.78万亩，基本与2021年的32.8万亩持平。2022年放牧等利用天然草地面积201.52万亩，比2021年的205.64万亩减少4.12万亩，下降2%。

七、全国草业形势分析固定监测企业情况

从2022年开始，全国畜牧总站在河北等18个省（自治区、直

辖市)布设了 1 177 个草业形势分析固定监测点。丰都县大地牧歌农业发展有限公司、重庆市天友纵横牧业发展有限公司两江奶牛养殖场等 8 家企业位列其中,首次按季度报送了有关内容。2022 年合计情况如下。

2 家饲草生产企业全年生产狼尾草 18 602 吨。其中梁平区的重庆市小白水农业开发有限公司拥有 0.04 万亩生产基地,生产狼尾草 3 202 吨,青贮 1 500 吨,销售青贮料 1 480 吨。丰都县的大地牧歌农业发展有限公司拥有 0.22 万亩基地,生产狼尾草 15 400 吨,销售狼尾草青贮料 8 600 吨,同时生产全株玉米青贮料 500 吨、青贮青饲高粱 900 吨。

1 家奶牛养殖企业年末存栏母牛 575 头,其中泌乳牛 411 头。2022 年自制全株玉米青贮料 4 318 吨,进口和国内采购苜蓿干草 331.8 吨、国内采购燕麦干草 266.5 吨。

4 家肉牛养殖企业通过自繁自养＋短期育肥,2022 年出栏 8 028 头(2021 年为 5 750 头),年末存栏 5 900 头。自产自制狼尾草青贮料 5 645 吨,采购稻草、小麦秸秆 3 697 吨,使用 8 431 吨(2021 年为 11 286 吨)。

1 家肉羊养殖企业自繁自养地方品种大足黑山羊,2022 年出栏 1 518 只(2021 年为 550 只),年末存栏 2 182 只(2021 年为 1 900 只)。自产自制饲草料 564 吨(2021 年为 520 吨),使用 564 吨(2021 年为 130 吨)。

从重庆草业固定监测企业情况看,奶牛养殖使用的草料、肉牛养殖使用的秸秆等粗饲料甚至精料,几乎都是进口或从国内其他省份购买的,成本较高。

第二章

草业生产统计

一、饲草种植与草种生产情况

2022年，重庆市饲草种植与草种生产情况见表2-1。

表2-1 饲草种植与草种生产情况

行政区划	人工种草保留面积/万亩	当年种草面积/万亩	当年一年生种草面积	当年多年生种草面积	当年耕地种草面积/万亩	草种田面积/万亩	种子产量/吨 多年生种子产量	种子产量/吨 一年生种子产量	秸秆产量/吨	秸秆饲用量/吨	秸秆加工饲用量/吨	其他农副资源饲用量/吨
重庆市	46.314	30.061	27.139	2.922	27.419				4 229 313	367 668	94 538	352 897
万州区	5.482	3.384	2.940	0.444	3.384				290 705	160 104	62 995	
涪陵区	0.414	0.184	0.174	0.010	0.163				1 230 000	8 000		12 000

（续）

行政区划	人工种草保留面积/万亩	当年种草面积/万亩	当年一年生种草面积	当年多年生种草面积	当年耕地种草面积/万亩	草种田面积/万亩	种子产量/吨 多年生种子产量	种子产量/吨 一年生种子产量	秸秆产量/吨	秸秆饲用量/吨	秸秆加工饲用量/吨	其他农副资源饲用量/吨
北碚区	0.022	0.022		0.022	0.022							
綦江区	0.418	0.361	0.130	0.231	0.361							
大足区	0.725	0.535	0.482	0.053	0.178							
渝北区	0.040	0.010		0.010	0.010							
黔江区	2.178	2.164	2.150	0.014	2.164							
长寿区	0.300	0.216	0.180	0.036	0.216							
江津区	0.444	0.212	0.212		0.142				514 100	7 050	35	24 640
合川区	1.572	0.487	0.487		0.345				520 580	5 205	51	408
永川区	0.119	0.102	0.001	0.101	0.101				323 275	1 173	120	27 702
南川区	1.515	1.075	0.855	0.220	1.044							
璧山区	0.007	0.007	0.006	0.001	0.007							
铜梁区	0.055	0.055	0.035	0.020	0.053							
潼南区	0.889	0.675	0.625	0.050	0.675				21 780	8 720	8 070	3 432
荣昌区	0.516	0.455	0.280	0.175	0.455				80 000	4 000	1 500	
开州区	4.871	4.275	4.072	0.203	3.827				143 000	1 840	1 300	13 500

（续）

行政区划	人工种草保留面积/万亩	当年种草面积/万亩			当年耕地种草面积/万亩	草种田面积/万亩	种子产量/吨		秸秆产量/吨	秸秆饲用量/吨	秸秆加工饲用量/吨	其他农副资源饲用量/吨
			当年一年生种草面积	当年多年生种草面积			多年生种子产量	一年生种子产量				
梁平区	0.406	0.054	0.054		0.005							
城口县	0.921	0.848	0.848		0.848				42 215	330	32	11 250
丰都县	4.610	1.101	1.101		1.101				169 569	41 045		206 854
垫江县	0.925	0.924	0.912	0.012	0.012				199 001	10 863		32 174
武隆区	1.227	1.212	1.123	0.089	1.155							
忠　县	0.364	0.173	0.164	0.009	0.056							
云阳县	3.758	3.556	3.510	0.046	3.556				110 000	2 500		200
奉节县	4.010	2.900	2.890	0.010	2.858				208 200	61 500	11 760	13 610
巫山县	0.921	0.509	0.504	0.005	0.489							
巫溪县	4.431	1.099	0.991	0.108	1.076				4 200	3 675	3 675	
石柱县	0.710	0.230	0.140	0.090	0.518				54 000	6 000	2 000	
秀山县	0.521	0.518	0.515	0.003	0.518							
酉阳县	2.343	1.218	0.758	0.460	1.098				266 688	24 663	3 000	6 127
彭水县	1.600	1.500	1.000	0.500	1.500				52 000	21 000		1 000

二、多年生饲草生产情况

2022年，重庆市多年生饲草生产情况见表2-2。狼尾草生产情况见表2-3；多年生黑麦草生产情况见表2-4；白三叶生产情况见表2-5；红三叶生产情况见表2-6；紫花苜蓿生产情况见表2-7；聚合草生产情况见表2-8；牛鞭草生产情况见表2-9；菊苣生产情况见表2-10；狗尾草生产情况见表2-11；苇状羊茅生产情况见表2-12。

表2-2　多年生饲草生产情况

行政区划	饲草种类	人工种草保留面积/万亩	当年新增人工种草面积	当年耕地种草面积	冬闲田(冬闲田)种草面积	夏秋闲田种草面积	果园隙地种草面积	"四边"地种草面积	其他类型种草面积	人工种草单产/(千克/亩)	人工种草产量(折合干草)/吨	青贮量/吨	收贮面积/万亩	灌溉比例/%
重庆市	合计	19.175	2.922	2.681	0.790		0.165	0.420	0.205	1 059.0	203 070.94	51 596	1.164	
万州区	小计	2.542	0.444	0.444	0.444	0.334	0.110				18 992.95			
	白三叶	1.532	0.074	0.074	0.074		0.050	0.024		321	4 917.72			
	红三叶	0.293	0.095	0.095	0.095		0.060	0.035		531	1 555.83			
	菊苣	0.032	0.018	0.018	0.018			0.018		670	214.40			
	狼尾草	0.395	0.097	0.097	0.097			0.097		2 660	10 507.00			
	苇状羊茅	0.290	0.160	0.160	0.160			0.160		620	1 798.00			

（续）

行政区划	饲草种类	人工种草保留面积/万亩			农田种草面积/万亩					人工种草单产/(千克/亩)	人工种草产量(折合干草)/吨	青贮量/吨	收贮面积/万亩	灌溉比例/%
		小计	当年新增人工种草面积	当年耕地种草面积	冬闲田(冬春闲田)种草面积	夏秋闲田种草面积	果园隙地种草面积	"四边"地种草面积	其他类型种草面积					
涪陵区	小计	0.240	0.010	0.010							7 152.00	360	0.015	
	狼尾草	0.240	0.010	0.010						2 980	7 152.00	360	0.015	1
北碚区	小计	0.022	0.022	0.022							660.00	1 020	0.020	
	狼尾草	0.022	0.022	0.022					0.002	3 000	660.00	1 020	0.020	
綦江区	小计	0.288	0.231	0.012			0.010	0.002			2 307.50			
	多年生黑麦草	0.010								900	90.00			
	菊苣	0.010								467	46.70			
	狼尾草	0.268	0.231	0.012			0.010	0.002		810	2 170.80			
大足区	小计	0.243	0.053								4 827.35			
	白三叶	0.050	0.050							420	210.00			
	狼尾草	0.190	0.003							2 426	4 609.40			
	紫花苜蓿	0.003								265	7.95			
渝北区	小计	0.040	0.010	0.010					0.010		1 200.00		0.040	
	其他多年生饲草	0.040	0.010	0.010					0.010	3 000	1 200.00		0.040	50

（续）

行政区划	饲草种类	人工种草保留面积/万亩			农闲田种草面积/万亩					人工种草单产/(千克/亩)	人工种草产量（折合干草）/吨	青贮量/吨	收贮面积/万亩	灌溉比例/%
			当年新增人工种草面积	当年耕地种草面积	冬闲田（冬春闲田）种草面积	夏秋闲田种草面积	果园隙地种草面积	"四边"地种草面积	其他类型种草面积					
黔江区	小计	**0.028**	**0.014**	**0.014**							**363.00**			
	白三叶	0.010	0.001	0.001						450	45.00			
	多年生黑麦草	0.005	0.003	0.003						900	45.00			
	狼尾草	0.013	0.010	0.010						2 100	273.00			
长寿区	小计	**0.120**	**0.036**	**0.036**							**2 880.00**	**2 592**	**0.120**	
	狼尾草	0.120	0.036	0.036						2 400	2 880.00	2 592	0.120	
江津区	小计	**0.232**									**4 366.60**			
	菊苣	0.002								580	11.60			
	狼尾草	0.060								2 300	1 380.00			
	牛鞭草	0.170								1 750	2 975.00			
合川区	小计	**1.085**									**20 164.00**	**700**	**0.010**	6
	多年生黑麦草	0.255								680	1 734.00	16		13
	狼尾草	0.800								2 285	18 280.00	684	0.010	10
	其他多年生饲草	0.030								500	150.00			

13

（续）

行政区划	饲草种类	人工种草保留面积/万亩（小计）	当年新增人工种草面积	当年耕地种草面积	冬闲田（冬春闲田）种草面积	夏秋闲田种草面积	果园隙地种草面积	"四边"地种草面积	其他类型种草面积	人工种草单产/（千克/亩）	人工种草产量（折合干草）/吨	青贮量/吨	收贮面积/万亩	灌溉比例/%
永川区	小计	**0.118**	**0.101**	**0.101**							**3 098.38**	**13 000**	**0.101**	
	多年生黑麦草	0.002								1 219	24.38			
	狼尾草	0.116	0.101	0.101						2 650	3 074.00	13 000	0.101	100
南川区	小计	**0.660**	**0.220**	**0.190**				0.066	0.124		**5 153.00**	**3 500**		
	白三叶	0.460	0.080	0.080				0.040	0.040	580	2 668.00			
	多年生黑麦草	0.150	0.100	0.080				0.026	0.054	800	1 200.00			
	狼尾草	0.050	0.040	0.030					0.030	2 570	1 285.00	3 500		
璧山区	小计	**0.001**	**0.001**	**0.001**				0.001			**5.00**			
	菊苣	0.001	0.001	0.001				0.001		500	5.00			
铜梁区	小计	**0.020**	**0.020**	**0.020**					0.020		**600.00**			
	其他多年生饲草	0.020	0.020	0.020					0.020	3 000	600.00			
潼南区	小计	**0.264**	**0.050**	**0.050**							**6 283.20**	**4 370**	**0.264**	6
	狼尾草	0.264	0.050	0.050						2 380	6 283.20	4 370	0.264	6

（续）

行政区划	饲草种类	人工种草保留面积/万亩	当年新增人工种草面积/万亩	当年耕地种草面积	冬闲田（冬春闲田）种草面积	夏秋闲田种草面积	果园隙地种草面积	"四边"地种草面积	其他类型种草面积	人工种草单产/（千克/亩）	人工种草产量（折合干草）/吨	青贮量/吨	收贮面积/万亩	灌溉比例/%
荣昌区	**小计**	**0.236**	**0.175**	**0.175**							**4 220.00**	**2 850**	**0.158**	
	狼尾草	0.076	0.020	0.020						2 500	1 900.00	1 200	0.048	30
	牛鞭草	0.040	0.035	0.035						1 300	520.00			20
	其他多年生饲草	0.120	0.120	0.120						1 500	1 800.00	1 650	0.110	90
开州区	**小计**	**0.799**	**0.203**	**0.172**			**0.003**				**10 569.10**			
	多年生黑麦草	0.347	0.107	0.107						810	2 810.70			10
	狗尾草	0.041	0.007	0.003			0.003			1 140	467.40			5
	红三叶	0.025	0.008							600	150.00			15
	狼尾草	0.386	0.081	0.062						1 850	7 141.00			10
梁平区	**小计**	**0.352**									**5 015.57**	**1 824**		
	白三叶	0.103								518	533.54			
	多年生黑麦草	0.080								802	641.60			
	菊苣	0.011								707	77.77			
	狼尾草	0.138								2 617	3 611.46	1 824		
	紫花苜蓿	0.020								756	151.20			

（续）

行政区划	饲草种类	人工种草保留面积/万亩	当年新增人工种草面积/万亩	当年耕地种草面积	冬闲田（冬闲）种草面积	夏秋闲田（闲田）种草面积	果园隙地种草面积	"四边"地种草面积	其他类型种草面积	人工种草单产/(千克/亩)	人工种草产量（折合干草）/吨	青贮量/吨	收贮面积/万亩	灌溉比例/%
城口县	小计	0.073									913.52	680	0.006	
	白三叶	0.002								571	11.42			
	菊苣	0.008								770	61.60			
	狼尾草	0.023								2 150	494.50			
	紫花苜蓿	0.040								865	346.00			
丰都县	小计	3.509									35 143.10	14 500	0.254	
	白三叶	1.502								480	7 209.60			
	多年生黑麦草	1.295								810	10 489.50			
	狼尾草	0.712								2 450	17 444.00	14 500	0.254	
垫江县	小计	0.013	0.012	0.012							339.00			
	白三叶	0.001												
	多年生黑麦草	0.012	0.012	0.012						900	9.00			
	狼尾草	0.012								2 750	330.00			
武隆区	小计	0.104	0.089	0.084	0.005			0.004	0.001		1 706.00			
	白三叶	0.029	0.026	0.021	0.005			0.004	0.001	400	116.00			

（续）

行政区划	饲草种类	人工种草保留面积/万亩	当年新增人工种草面积	当年耕地种草面积	冬闲田（冬春闲田）种草面积	夏秋闲田种草面积	果园隙地种草面积	"四边"地种草面积	其他类型种草面积	人工种草单产/（千克/亩）	人工种草产量（折合干草）/吨	青贮量/吨	收贮面积/万亩	灌溉比例/%
武隆区	多年生黑麦草狼尾草	0.009	0.006	0.006						800	72.00			
	狼尾草	0.066	0.057	0.057						2 300	1 518.00			100
	小计	**0.200**	**0.009**	**0.009**						**3 854.000**	**4 285.49**			
忠县	白三叶	0.003								385	11.55			100
	多年生黑麦草	0.028	0.003	0.003						640	179.20			100
	狼尾草	0.168	0.006	0.006						2 435	4 090.80			100
	莠状羊茅	0.001								394	3.94			100
	小计	**0.248**	**0.046**	**0.046**							**3 085.00**			
云阳县	白三叶	0.017	0.003	0.003						500	85.00			
	多年生黑麦草	0.120	0.020	0.020						800	960.00			
	狼尾草	0.096	0.020	0.020						2 000	1 920.00			
	紫花苜蓿	0.015	0.003	0.003						800	120.00			
	小计	**1.120**	**0.010**	**0.010**			0.005	**0.005**		**568**	**9 356.40**			
奉节县	白三叶	0.120	0.001	0.001			0.001				681.60			

（续）

行政区划	饲草种类	人工种草保留面积/万亩	当年新增人工种草面积	当年耕地种草面积	冬闲田(冬春闲田)种草面积	夏秋闲田种草面积	果园隙地种草面积	"四边"地种草面积	其他类型种草面积	人工种草单产/(千克/亩)	人工种草产量(折合干草)/吨	青贮量/吨	收贮面积/万亩	灌溉比例/%
奉节县	多年生黑麦草	0.432	0.003	0.003			0.002	0.001		1 020	4 406.40			
	红三叶	0.218	0.001	0.001				0.001		580	1 264.40			
	菊苣	0.010	0.002	0.002				0.002		750	75.00			
	聚合草	0.112	0.002	0.002			0.002			790	884.80			
	狼尾草	0.030								1 600	480.00			
	紫花苜蓿	0.198	0.001	0.001				0.001		790	1 564.20			
	小计	**0.417**	**0.005**	**0.005**			**0.005**	**0.001**			**3 536.00**			
巫山县	白三叶	0.062	0.002	0.002			0.002			550	341.00			
	紫花苜蓿	0.355	0.003	0.003			0.003			900	3 195.00			
巫溪县	小计	**3.440**	**0.108**	**0.085**			**0.032**	**0.007**	**0.046**		**17 325.68**			
	白三叶	0.055	0.046	0.023			0.016	0.007		500	275.00			
	多年生黑麦草	0.061	0.012	0.012			0.011		0.001	588	358.68			
	红三叶	3.264	0.000	0.000						500	16 320.00			
	紫花苜蓿	0.060	0.050	0.050			0.005		0.045	620	372.00			

（续）

行政区划	饲草种类	人工种草保留面积/万亩			农闲田种草面积/万亩					人工种草单产/(千克/亩)	人工种草产量(折合干草)/吨	青贮量/吨	收贮面积/万亩	灌溉比例/%
		小计	当年新增人工种草面积	当年耕地种草面积	冬闲田(冬春闲田)种草面积	夏秋闲田种草面积	果园隙地种草面积	"四边"地种草面积	其他类型种草面积					
石柱县	小计	0.570	0.090								3 270.00			
	白三叶	0.400	0.080							500	2 000.00			
	多年生黑麦草	0.120	0.000							800	960.00			
	红三叶	0.040	0.010							500	200.00			
	鸭茅	0.010								1 100	110.00			
秀山县	小计	0.006	0.003	0.003				0.001	0.002		99.00			
	多年生黑麦草	0.002								950	19.00			
	狼尾草	0.004	0.003	0.003				0.001	0.002	2 000	80.00			
酉阳县	小计	1.585	0.460	0.460							20 154.10	4 200	0.026	
	白三叶	0.303	0.100	0.100						500	1 515.00			
	多年生黑麦草	0.889	0.208	0.208						1 150	10 223.50	2 000		
	红三叶	0.054	0.011	0.011						540	291.60			
	菊苣	0.042	0.024	0.024						650	273.00			
	狼尾草	0.285	0.113	0.113						2 700	7 695.00	2 200	0.026	
	牛鞭草	0.012	0.004	0.004						1 300	156.00			
彭水县	小计	0.600	0.500	0.500						1 000	6 000.00	2 000	0.600	50
	狼尾草	0.600	0.500	0.500							6 000.00	2 000	0.600	50

表2-3　狼尾草生产情况

单位：人工种草保留面积/万亩、农闲田种草面积/万亩

行政区划	饲草种类	人工种草保留面积	当年新增人工种草面积	当年耕地种草面积	冬闲田种草面积	夏秋闲田种草面积	果园隙地种草面积	"四边"地种草面积	其他种草面积	人工种草单产/(千克/亩)	人工种草产量(折合干草)/吨	青贮量/吨	收贮面积/万亩	灌溉比例/%
重庆市	合计	5.134	1.409	1.374	0.144		0.010	0.100	0.034	2 167.1	111 259.16	47 930	1.464	
万州区	狼尾草	0.395	0.097	0.097				0.097		2 660	10 507.00			
涪陵区	狼尾草	0.240	0.010	0.010						2 980	7 152.00	360	0.015	1
北碚区	狼尾草	0.022	0.022	0.022					0.002	3 000	660.00	1 020	0.020	
綦江区	狼尾草	0.268	0.231	0.231						810	2 170.80			
大足区	狼尾草	0.190	0.010	0.012			0.010		0.002	2 426	4 609.40			
黔江区	狼尾草	0.013								2 100	273.00			
长寿区	狼尾草	0.120	0.036	0.036						2 400	2 880.00	2 592	0.120	
江津区	狼尾草	0.060			0.030					2 300	1 380.00			
合川区	狼尾草	0.800								2 285	18 280.00	684	0.010	13
永川区	狼尾草	0.116	0.101	0.101						2 650	3 074.00	13 000	0.101	100
南川区	狼尾草	0.050	0.040	0.030					0.030	2 570	1 285.00	3 500		
潼南区	狼尾草	0.264	0.050	0.050						2 380	6 283.20	4 370	0.264	6
荣昌区	狼尾草	0.076	0.020	0.020						2 500	1 900.00	1 200	0.048	30

（续）

行政区划	饲草种类	人工种草保留面积/万亩		农闲田种草面积/万亩					人工种草单产/（千克/亩）	人工种草产量（折合干草）/吨	青贮量/吨	收贮面积/万亩	灌溉比例/%
			当年新增人工种草面积										
				当年耕地种草面积	冬闲田种草面积	夏秋闲田种草面积	果园隙地种草面积	"四边"地种草面积	其他种草面积					
开州区	狼尾草	0.386	0.081	0.062						1 850	7 141.00			10
梁平区	狼尾草	0.138								2 617	3 611.46	1 824		
城口县	狼尾草	0.023								2 150	494.50	680	0.006	
丰都县	狼尾草	0.712								2 450	17 444.00	14 500	0.254	
垫江县	狼尾草	0.012	0.012	0.012						2 750	330.00			
武隆区	狼尾草	0.066	0.057	0.057						2 300	1 518.00			
忠　县	狼尾草	0.168	0.006							2 435	4 090.80			100
云阳县	狼尾草	0.096	0.020	0.020	0.003					2 000	1 920.00			
奉节县	狼尾草	0.030								1 600	480.00			
秀山县	狼尾草	0.004	0.003	0.003					0.001	2 000	80.00			
酉阳县	狼尾草	0.285	0.113	0.113						2 700	7 695.00	2 200	0.026	
彭水县	狼尾草	0.600	0.500	0.500					0.002	1 000	6 000.00	2 000	0.600	50

21

表2-4 多年生黑麦草生产情况

行政区划	饲草种类	人工种草保留面积/万亩	当年新增人工种草面积	当年耕地种草面积	冬闲田种草面积	夏秋闲田种草面积	果园隙地种草面积	"四边"地种草面积	其他种草面积	人工种草单产/(千克/亩)	人工种草产量(折合干草)/吨	青贮量/吨	收贮面积/万亩	灌溉比例/%
重庆市	合计	0.462	0.439	0.095	0.095	0.013	0.027	0.055	3.806	899.2	34 222.96	2 016		
綦江区	多年生黑麦草	0.003	0.003						0.010	900	90.00			6
黔江区	多年生黑麦草								0.005	900	45.00			
合川区	多年生黑麦草								0.255	680	1 734.00	16		
永川区	多年生黑麦草								0.002	1 219	24.38			
南川区	多年生黑麦草	0.100	0.080		0.080		0.026		0.150	800	1 200.00			
开州区	多年生黑麦草	0.107	0.107					0.054	0.347	810	2 810.70			10
梁平区	多年生黑麦草								0.080	802	641.60			
丰都县	多年生黑麦草								1.295	810	10 489.50			
垫江县	多年生黑麦草								0.001	900	9.00			
武隆区	多年生黑麦草	0.006	0.006						0.009	800	72.00			
忠县	多年生黑麦草	0.003							0.028	640	179.20			100

（续）

行政区划	饲草种类	人工种草保留面积/万亩	当年新增人工种草面积	当年耕地种草面积	农闲田种草面积/万亩 冬闲田种草面积	夏秋闲田种草面积	果园隙地种草面积	"四边"地种草面积	其他种草面积	人工种草单产/(千克/亩)	人工种草产量(折合干草)/吨	青贮量/吨	收贮面积/万亩	灌溉比例/%
云阳县	多年生黑麦草	0.020	0.020						0.120	800	960.00			
奉节县	多年生黑麦草	0.003	0.003	0.003		0.002	0.001		0.432	1 020	4 406.40			
巫溪县	多年生黑麦草	0.012	0.012	0.012		0.011		0.001	0.061	588	358.68			
石柱县	多年生黑麦草								0.120	800	960.00			
秀山县	多年生黑麦草								0.002	950	19.00			
酉阳县	多年生黑麦草	0.208	0.208						0.889	1 150	10 223.50	2 000		

表2-5　白三叶生产情况

行政区划	饲草种类	人工种草保留面积/万亩 合计	当年新增人工种草面积	当年耕地种草面积	农闲田种草面积/万亩		果园隙地种草面积	"四边"地种草面积	其他种草面积	人工种草单产/(千克/亩)	人工种草产量(折合干草)/吨	青贮量/吨	收贮面积/万亩	灌溉比例/%
					冬闲田种草面积	夏秋闲田种草面积								
重庆市	**合计**	**4.648**	**0.463**	**0.305**	**0.185**		**0.069**	**0.075**	**0.041**	**443.6**	**20 620.43**			
万州区	白三叶	1.532	0.074	0.074	0.074					321	4 917.72			
大足区	白三叶	0.050	0.050				0.050	0.024		420	210.00			100
黔江区	白三叶	0.010	0.001	0.001						450	45.00			
南川区	白三叶	0.460	0.080	0.080	0.080			0.040	0.040	580	2 668.00			
梁平区	白三叶	0.103								518	533.54			
城口县	白三叶	0.002								571	11.42			
丰都县	白三叶	1.502						0.004	0.001	480	7 209.60			
武隆区	白三叶	0.029	0.026	0.021	0.005					400	116.00			
忠县	白三叶	0.003	0.003	0.003						385	11.55			
云阳县	白三叶	0.017	0.001	0.001	0.001					500	85.00			
奉节县	白三叶	0.120	0.002	0.002	0.002		0.001			568	681.60			
巫山县	白三叶	0.062	0.046	0.023	0.023		0.002			550	341.00			
巫溪县	白三叶	0.055					0.016			500	275.00			
石柱县	白三叶	0.400	0.080	0.023				0.007		500	2 000.00			
酉阳县	白三叶	0.303	0.100	0.100						500	1 515.00			

表 2-6　红三叶生产情况

行政区划	饲草种类	人工种草保留面积/万亩	当年新增人工种草面积/万亩	当年耕地种草面积	农闲田种草面积/万亩					人工种草单产/(千克/亩)	人工种草产量(折合干草)/吨	青贮量/吨	收贮面积/万亩	灌溉比例/%
					冬闲田种草面积	夏秋闲田种草面积	果园隙地种草面积	"四边"地种草面积	其他种草面积					
重庆市	合计	3.894	0.125	0.107	0.096		0.060	0.036		508.0	19 781.83			15
万州区	红三叶	0.293	0.095	0.095	0.095		0.060	0.035		531	1 555.83			
开州区	红三叶	0.025	0.008							600	150.00			
奉节县	红三叶	0.218	0.001	0.001	0.001			0.001		580	1 264.40			
巫溪县	红三叶	3.264								500	16 320.00			
石柱县	红三叶	0.040	0.010							500	200.00			
酉阳县	红三叶	0.054	0.011	0.011						540	291.60			

表 2 - 7 紫花苜蓿生产情况

行政区划	饲草种类	人工种草保留面积/万亩	当年新增人工种草面积	当年耕地种草面积	农闲田种草面积/万亩 冬闲田种草面积	夏秋闲田种草面积	果园隙地种草面积	"四边"地种草面积	其他种草面积	人工种草单产/(千克/亩)	人工种草产量(折合干草)/吨	青贮量/吨	收贮面积/万亩	灌溉比例/%
重庆市	**合计**	**0.691**	**0.060**	**0.057**	**0.054**		**0.008**	**0.001**	**0.045**	**833.0**	**5 756.35**			
大足区	紫花苜蓿	0.003	0.003							265	7.95			
梁平区	紫花苜蓿	0.020								756	151.20			
城口县	紫花苜蓿	0.040	0.003	0.003						865	346.00			
云阳县	紫花苜蓿	0.015	0.001	0.001						800	120.00			
奉节县	紫花苜蓿	0.198	0.003	0.003	0.001			0.001		790	1 564.20			
巫山县	紫花苜蓿	0.355			0.003		0.003			900	3 195.00			
巫溪县	紫花苜蓿	0.060	0.050	0.050	0.050		0.005		0.045	620	372.00			

表 2-8 菅状羊茅生产情况

行政区划	饲草种类	人工种草保留面积/万亩		人工种草保留面积/万亩		农闲田种草面积/万亩				人工种草单产/(千克/亩)	人工种草产量(折合干草)/吨	青贮量/吨	收获面积/万亩	灌溉比例/%
				当年新增人工种草面积	当年耕地种草面积	冬闲田种草面积	夏秋闲田种草面积	果园隙地种草面积	"四边"地种草面积	其他种草面积					
重庆市	合计	0.291	0.160	0.160				0.160		619.2	1 801.94			100
万州区	菅状羊茅	0.290	0.160	0.160				0.160		620	1 798.00			
忠县	菅状羊茅	0.001	0.000							394	3.94			

表 2-9 牛鞭草生产情况

行政区划	饲草种类	人工种草保留面积/万亩		人工种草保留面积/万亩		农闲田种草面积/万亩				人工种草单产/(千克/亩)	人工种草产量(折合干草)/吨	青贮量/吨	收获面积/万亩	灌溉比例/%
				当年新增人工种草面积	当年耕地种草面积	冬闲田种草面积	夏秋闲田种草面积	果园隙地种草面积	"四边"地种草面积	其他种草面积					
重庆市	合计	0.222	0.039	0.039						1 644.6	3 651.00			20
江津区	牛鞭草	0.170	0.035	0.035						1 750	2 975.00			
荣昌区	牛鞭草	0.040	0.004	0.004						1 300	520.00			
酉阳县	牛鞭草	0.012								1 300	156.00			

表2-10 菊苣生产情况

行政区划	饲草种类	人工种草保留面积/万亩	当年新增人工种草面积	当年耕地种草面积	农闲田种草面积/万亩					人工种草单产/(千克/亩)	人工种草产量(折合干草)/吨	青贮量/吨	收贮面积/万亩	灌溉比例/%
					冬闲田种草面积	夏秋闲田种草面积	果园隙地种草面积	"四边"地种草面积	其他种草面积					
重庆市	**菊苣**	**0.116**	**0.045**	**0.045**				**0.021**		**659.5**	**765.07**			
万州区	菊苣	0.032	0.018	0.018				0.018		670	214.40			
綦江区	菊苣	0.010								467	46.70			
江津区	菊苣	0.002								580	11.60			
璧山区	菊苣	0.001	0.001	0.001				0.001		500	5.00			
梁平区	菊苣	0.011								707	77.77			
城口县	菊苣	0.008								770	61.60			
奉节县	菊苣	0.010	0.002	0.002				0.002		750	75.00			
酉阳县	菊苣	0.042	0.024	0.024						650	273.00			

表2-11 聚合草生产情况

行政区划	饲草种类	人工种草保留面积/万亩	当年新增人工种草面积/万亩	当年耕地种草面积	农闲田种草面积/万亩				其他种草面积	人工种草单产/(千克/亩)	人工种草产量(折合干草)/吨	青贮量/吨	收贮面积/万亩	灌溉比例/%
					冬闲田种草面积	夏秋闲田种草面积	果园隙地种草面积	"四边"地种草面积						
重庆市	合计	0.112	0.002	0.002			0.002			790	884.8			
奉节县	聚合草	0.112	0.002	0.002			0.002			790	884.8			

表2-12 狗尾草生产情况

行政区划	饲草种类	人工种草保留面积/万亩	当年新增人工种草面积/万亩	当年耕地种草面积	农闲田种草面积/万亩				其他种草面积	人工种草单产/(千克/亩)	人工种草产量(折合干草)/吨	青贮量/吨	收贮面积/万亩	灌溉比例/%
					冬闲田种草面积	夏秋闲田种草面积	果园隙地种草面积	"四边"地种草面积						
重庆市	合计	0.041	0.007	0.003	0.003		0.003			1140.0	467.4			
开州区	狗尾草	0.041	0.007	0.003	0.003		0.003			1140	467.4			5

三、一年生饲草生产情况

2022年，重庆市一年生饲草生产情况见表2-13；青贮玉米生产情况见表2-14；多花黑麦草生产情况见表2-15；青贮青饲高粱生产情况见表2-16；饲用黑麦生产情况见表2-17；苏丹草生产情况见表2-18；饲用燕麦生产情况见表2-19；墨西哥类玉米生产情况见表2-20；饲用块根块茎作物生产情况见表2-21。

表2-13 一年生饲草生产情况

行政区划	饲草种类	人工种草保留面积/万亩 合计	当年耕地种草面积	农闲田种草面积/万亩	冬闲田种草面积	夏秋闲田种草面积	果园隙地种草面积	"四边"地种草面积	其他种草面积	单位面积产量/(千克/亩)	干草总产量(折合干草)/吨	青贮量/吨	收贮面积/万亩	灌溉比例/%
重庆市	合计	27.139	24.738	13.759	4.154	4.168	0.634	1.984	2.819	901.0	244 519.12	151 566	2.813	
万州区	小计	2.940	2.940	1.175	0.067	0.220	0.013	0.875			21 167.08	39 300		
	多花黑麦草	0.676	0.676	0.241	0.067		0.013	0.161		850	5 746.00			
	墨西哥类玉米	0.009	0.009	0.003				0.003		890	80.10	39 300		
	饲用块根块茎作物	2.213	2.213	0.889		0.220		0.669		678	15 004.14			
	苏丹草	0.042	0.042	0.042				0.042		802	336.84			

（续）

行政区划	饲草种类	人工种草保留面积/万亩		农闲田种草面积/万亩						单位面积产量/(千克/亩)	干草总产量(折合干草)/吨	青贮量/吨	收贮面积/万亩	灌溉比例/%
		小计	当年耕地种草面积	小计	冬闲田种草面积	夏秋闲田种草面积	果园隙地种草面积	"四边"地种草面积	其他种草面积					
涪陵区	小计	**0.174**	**0.153**	**0.020**	**0.010**				**0.010**		**1 963.70**			
	多花黑麦草	0.121	0.100	0.020	0.010				0.010	1 120	1 355.20			
	青贮青饲高粱	0.013	0.013							1 050	136.50			
	青贮玉米	0.040	0.040							1 180	472.00			
綦江区	小计	**0.130**	**0.130**	**0.124**	**0.090**	**0.010**		**0.024**			**1 377.80**			
	多花黑麦草	0.097	0.097	0.097	0.090			0.007		1 150	1 115.50			
	青贮青饲高粱	0.010	0.010	0.010		0.002		0.008		760	76.00			
	青贮玉米	0.023	0.023	0.017		0.008		0.009		810	186.30			
大足区	小计	**0.482**	**0.178**	**0.143**	**0.020**	**0.023**	**0.080**	**0.018**	**0.002**		**5 341.60**			
	多花黑麦草	0.380	0.120	0.100	0.020	0.023	0.080			1 082	4 111.60			
	青贮青饲高粱	0.075	0.038	0.033				0.008	0.002	1 280	960.00			
	青贮玉米	0.027	0.020	0.010				0.010		1 000	270.00			
黔江区	小计	**2.150**	**2.150**	**2.150**	**0.040**		**0.010**		**2.100**		**21 050.00**	22 100		
	多花黑麦草	0.050	0.050	0.050	0.040		0.010			1 300	650.00			

（续）

行政区划	饲草种类	人工种草保留面积/万亩	当年耕地种草面积	农闲田种草面积/万亩 冬闲田种草面积	夏秋闲田种草面积	果园隙地种草面积	"四边"地种草面积	其他种草面积	单位面积产量/(千克/亩)	干草总产量(折合干草)/吨	青贮量/吨	收贮面积/万亩	灌溉比例/%
黔江区	青贮青饲高粱	0.300	0.300					0.300	1 200	3 600.00			
	青贮玉米	1.200	1.200					1.200	1 050	12 600.00	22 100		
	饲用块根块茎作物	0.600	0.600					0.600	700	4 200.00			
长寿区	**小计**	**0.180**	**0.180**						**1 000**	**1 800.00**	**1 620**		
	青贮玉米	0.180	0.180						1 000	1 800.00	1 620		
江津区	**小计**	**0.212**	**0.142**	**0.060**		**0.020**	**0.040**			**3 181.20**			
	多花黑麦草	0.200	0.130	0.060		0.020	0.040		1 530	3 060.00			
	饲用块根块茎作物	0.012	0.012						1 010	121.20			
合川区	**小计**	**0.487**	**0.345**	**0.030**		**0.010**	**0.020**		**1 250**	**6 031.50**	**4 000**		14
	多花黑麦草	0.375	0.345	0.030		0.010	0.020		1 250	4 687.50			
	青贮玉米	0.112							1 200	1 344.00	4 000		8
永川区	**小计**	**0.001**							**1 350**	**13.50**			
	墨西哥类玉米	0.001	0.001						1 350	13.50			

（续）

行政区划	饲草种类	人工种草保留面积/万亩	当年耕地种草面积	农耕田种草面积/万亩 小计	冬闲田种草面积	夏秋闲田种草面积	果园隙地种草面积	"四边"地种草面积	其他种草面积	单位面积产量/(千克/亩)	干草总产量(折合干草)/吨	青贮量/吨	收贮面积/万亩	灌溉比例/%
南川区	小计	0.855	0.854	0.850	0.350		0.250	0.200	0.050		12 227.00	16 890		
	多花黑麦草	0.790	0.790	0.790	0.350		0.250	0.150	0.040	1 500	11 850.00	16 590		
	饲用黑麦	0.065	0.064	0.060				0.050	0.010	580	377.00	300		
璧山区	小计	0.006	0.006	0.006			0.002	0.004		1 200	72.00			
	多花黑麦草	0.006	0.006	0.006			0.002	0.004		1 200	72.00			
铜梁区	小计	0.035	0.033	0.033		0.003			0.030		372.00			
	多花黑麦草	0.002	0.003	0.003		0.003				2 100	42.00			
	墨西哥类玉米	0.003	0.003	0.003						1 000	30.00			
	青贮青饲高粱	0.030	0.030	0.030					0.030	1 000	300.00			
潼南区	小计	0.625	0.625	0.625	0.200	0.375	0.020	0.030		1 430	7 568.75	5 370	0.625	0
	多花黑麦草	0.250	0.250	0.250	0.200	0.000	0.020	0.030		1 430	3 575.00	1 870	0.250	0
	青贮玉米	0.375	0.375	0.375		0.375				1 065	3 993.75	3 500	0.375	5
荣昌区	小计	0.280	0.280	0.050	0.030			0.010	0.010	1 400	3 172.00	2 250	0.100	90
	多花黑麦草	0.080	0.080	0.050	0.030			0.010	0.010	1 400	1 120.00	2 250	0.100	90
	青贮玉米	0.200	0.200							1 026	2 052.00		0.100	30

重庆草业2022

（续）

行政区划	饲草种类	人工种草保留面积/万亩	当年种草面积	农闲田种草面积/万亩	冬闲田种草面积	夏秋闲田种草面积	果园隙地种草面积	"四边"地种草面积	其他种草面积	单位面积产量/(千克/亩)	干草总产量(折合干草)/吨	青贮量/吨	收贮面积/万亩	灌溉比例/%
开州区	**小计**	**4.072**	**3.655**	**0.084**	**0.050**		**0.034**				**33 574.00**	**14 200**	**1.028**	
	多花黑麦草	0.544	0.503	0.084	0.050		0.034			1 130	6 147.20	350		15
	青贮青饲高粱	0.022	0.022							1 180	259.60			25
	青贮玉米	1.916	1.620							920	17 627.20	13 850	1.028	24
	饲用块根块茎作物	1.590	1.510							600	9 540.00			30
梁平区	**小计**	**0.054**	**0.005**	**0.005**	**0.001**	**0.002**	**0.001**	**0.001**			**667.83**			
	多花黑麦草	0.036	0.003	0.003	0.001		0.001	0.001		1 316	473.76			
	青贮青饲高粱	0.007	0.002	0.002		0.002				1 201	84.07			
	苏丹草	0.011								1 000	110.00			
城口县	**小计**	**0.848**	**0.848**	**0.848**	**0.200**	**0.600**		**0.035**	**0.013**		**4 367.35**	**2 560**		
	青贮青饲高粱	0.023	0.023	0.023		0.020			0.003	1 320	303.60	60		
	青贮玉米	0.100	0.100	0.100		0.060		0.030	0.010	1 345	1 345.00	2 500		
	饲用块根块茎作物	0.725	0.725	0.725	0.200	0.520		0.005		375	2 718.75			

第二章　草业生产统计

（续）

行政区划	饲草种类	人工种草保留面积/万亩	当年种草面积	农闲田种草面积/万亩	冬闲田种草面积	夏秋闲田种草面积	果园隙地种草面积	"四边"地种草面积	其他种草面积	单位面积产量/(千克/亩)	干草总产量(折合干草)/吨	青贮量/吨	收贮面积/万亩	灌溉比例/%
丰都县	小计	1.101	1.101	0.745		0.745					11 813.70	21 529		
	青贮青饲高粱	0.389	0.389	0.270		0.270				1 170	4 551.30	6 949		
	青贮玉米	0.712	0.712	0.475		0.475				1 020	7 262.40	14 580		
垫江县	小计	0.912									7 771.20			
	多花黑麦草	0.040								1 000	400.00			
	青贮青饲高粱	0.040								1 090	436.00			
	青贮玉米	0.252								1 210	3 049.20			
	饲用块根块茎作物	0.580								670	3 886.00			
武隆区	小计	1.123	1.071	1.071	0.411	0.190		0.461	0.009		13 224.00	2 905		
	多花黑麦草	0.890	0.860	0.860	0.400			0.460		1 200	10 680.00			
	青贮青饲高粱	0.130	0.110	0.110		0.110				1 200	1 560.00	642		
	青贮玉米	0.080	0.079	0.079		0.070			0.009	1 000	800.00	1 620		
	饲用块根块茎作物	0.023	0.022	0.022	0.011	0.010		0.001		800	184.00	643		

（续）

行政区划	饲草种类	人工种草保留面积/万亩	当年耕地种草面积	农闲田种草面积/万亩						单位面积产量/(千克/亩)	干草总产量(折合干草)/吨	青贮量/吨	收贮面积/万亩	灌溉比例/%
		小计	当年耕地种草面积	农闲田种草面积	冬闲田种草面积	夏秋闲田种草面积	果园隙地种草面积	"四边"地种草面积	其他种草面积					
忠县	小计	0.164	0.056	0.030	0.020				0.010		1 177.86			
	多花黑麦草	0.030	0.030	0.030	0.020				0.010	1 198	359.40			100
	青贮青饲高粱	0.006	0.006							1 298	77.88			100
	青贮玉米	0.020	0.020							1 188	237.60			100
	饲用块根块茎作物	0.106								451	478.06			100
	苏丹草	0.002								1 246	24.92			100
云阳县	小计	3.510	3.510	2.830	1.200	1.630					33 760.00	800		
	多花黑麦草	1.700	1.700	1.200	1.200					1 200	20 400.00			
	青贮青饲高粱	0.520	0.520	0.450		0.450				1 100	5 720.00	200		
	青贮玉米	0.310	0.310	0.280		0.280				1 200	3 720.00	600		
	饲用块根块茎作物	0.980	0.980	0.900		0.900				400	3 920.00			
奉节县	小计	2.890	2.848	1.858	1.184	0.360	0.124	0.180	0.010		20 825.75	750		
	多花黑麦草	0.165	0.140	0.120	0.050		0.030	0.040		1 275	2 103.75	750		
	青贮玉米	0.225	0.208	0.208		0.208				1 050	2 362.50	750		

（续）

行政区划	饲草种类	人工种草保留面积/万亩	当年耕地种草面积	农闲田种草面积/万亩	冬闲田种草面积	夏秋闲田种草面积	果园隙地种草面积	"四边"地种草面积	其他种草面积	单位面积产量/(千克/亩)	干草总产量(折合干草)/吨	青贮量/吨	收贮面积/万亩	灌溉比例/%
奉节县	饲用黑麦	0.120	0.120	0.120	0.094		0.026			550	660.00			
	饲用块根块茎作物	2.210	2.210	1.240	1.040	0.060	0.060	0.070	0.010	620	13 702.00			
	苏丹草	0.170	0.170	0.170		0.092	0.008	0.070		1175	1 997.50			
巫山县	**小计**	**0.504**	**0.484**	**0.014**	**0.002**	**0.010**		**0.002**			**4 310.00**	**2 040**	**0.060**	
	多花黑麦草	0.004	0.004	0.004	0.002			0.002		1750	70.00			
	青贮玉米	0.060	0.040	0.010		0.010				1200	720.00	2 040		
	饲用块根块茎作物	0.440	0.440							800	3 520.00			
巫溪县	**小计**	**0.991**	**0.991**	**0.991**	**0.270**	**0.070**		**0.080**	**0.571**		**8 408.00**	**2**		
	多花黑麦草	0.251	0.251	0.251	0.230				0.021	800	2 008.00			
	青贮青饲高粱	0.240	0.240	0.240					0.240	1000	2 400.00	2		
	青贮玉米	0.310	0.310					0.080	0.310	800	2 480.00			
	饲用块根块茎作物	0.190	0.190		0.040	0.070				800	1 520.00			
石柱县	**小计**	**0.140**	**0.090**							**2 100**	**1 450.00**			
	青贮青饲高粱	0.090								1000	900.00			
	青贮玉米	0.050								1100	550.00			

（续）

行政区划	饲草种类	人工种草保留面积/万亩	当年耕地种草面积	冬闲田种草面积	夏秋闲田种草面积	果园隙地种草面积	"四边"地种草面积	其他种草面积	单位面积产量/(千克/亩)	干草总产量(折合干草)/吨	青贮量/吨	收贮面积/万亩	灌溉比例/%
秀山县	小计	0.515	0.515							4 239.90			
	青贮青饲高粱	0.038	0.038						1 320	501.60			
	青贮玉米	0.030	0.030						430	129.00			
	饲用块根茎作物	0.444	0.444						810	3 596.40			
	饲用燕麦	0.003	0.003						430	12.90			
酉阳县	小计	0.758	0.638	0.009			0.004	0.004		5 591.40	7 250		
	多花黑麦草	0.061	0.061	0.006			0.003	0.004	1 400	854.00			
	墨西哥类玉米	0.018	0.018				0.001		1 000	180.00			
	青贮青饲高粱	0.075	0.075						1 400	1 050.00	2 000		
	青贮玉米	0.181	0.181						1 000	1 810.00	5 250		
	饲用块根茎作物	0.420	0.300	0.003					400	1 680.00			
	紫云英（非绿肥）	0.003	0.003						580	17.40			
彭水县	小计	1.000	1.000						800	8 000.00	8 000	1.000	100
	青贮玉米	1.000	1.000						800	8 000.00	8 000	1.000	

表 2-14　青贮玉米生产情况

行政区划	饲草种类	人工种草保留面积/万亩	当年耕地种草面积	农闲田种草面积/万亩	冬闲田种草面积	夏秋闲田种草面积	果园隙地种草面积	"四边"地种草面积	其他种草面积	单位面积产量/(千克/亩)	干草总产量(折合干草)/吨	青贮量/吨	收贮面积/万亩	灌溉比例/%
重庆市 合计		7.403	6.648	3.064		1.486		0.049	1.529	983.5	72 810.95	82 660	2.563	
涪陵区	青贮玉米	0.040	0.040							1 180	472.00			
綦江区	青贮玉米	0.023	0.023	0.017		0.008		0.009		810	186.30			
大足区	青贮玉米	0.027	0.020	0.010				0.010		1 000	270.00			
黔江区	青贮玉米	1.200	1.200	1.200					1.200	1 050	12 600.00	22 100		
长寿区	青贮玉米	0.180	0.180	0.100						1 000	1 800.00	1 620		
合川区	青贮玉米	0.112								1 200	1 344.00	4 000		
潼南区	青贮玉米	0.375	0.375	0.375		0.375				1 065	3 993.75	3 500	0.375	8
荣昌区	青贮玉米	0.200	0.200							1 026	2 052.00	2 250	0.100	5
开州区	青贮玉米	1.916	1.620							920	17 627.20	13 850	1.028	30
城口县	青贮玉米	0.100	0.100	0.100		0.060		0.030	0.010	1 345	1 345.00	2 500		24
丰都县	青贮玉米	0.712	0.712	0.475		0.475				1 020	7 262.40	14 580		
垫江县	青贮玉米	0.252	0.079	0.079		0.070				1 210	3 049.20			
武隆区	青贮玉米	0.080	0.079	0.079					0.009	1 000	800.00	1 620		

重庆草业2022

（续）

行政区划	饲草种类	人工种草保留面积/万亩	当年耕地种草面积	冬闲田种草面积	夏秋闲田种草面积	果园隙地种草面积	"四边"地种草面积	其他种草面积	单位面积产量/(千克/亩)	干草总产量(折合干草)/吨	青贮量/吨	收贮面积/万亩	灌溉比例/%
忠　县	青贮玉米	0.020	0.020						1 188	237.60			100
云阳县	青贮玉米	0.310	0.310		0.280				1 200	3 720.00	600		
奉节县	青贮玉米	0.225	0.208		0.208				1 050	2 362.50	750		
巫山县	青贮玉米	0.060	0.040		0.010				1 200	720.00	2 040	0.060	
巫溪县	青贮玉米	0.310	0.310					0.310	800	2 480.00			
石柱县	青贮玉米	0.050							1 100	550.00			
秀山县	青贮玉米	0.030	0.030						430	129.60			
酉阳县	青贮玉米	0.181	0.181						1 000	1 810.00	5 250		
彭水县	青贮玉米	1.000	1.000						800	8 000.00	8 000	1.000	100

表 2-15　多花黑麦草生产情况

行政区划	饲草种类	人工种草保留面积/万亩		农闲田种草面积/万亩						单位面积产量/（千克/亩）	干草总产量（折合干草）/吨	青贮量/吨	收贮面积/万亩	灌溉比例/%
			当年耕地种草面积		冬闲田种草面积	夏秋闲田种草面积	果园隙地种草面积	“四边”地种草面积	其他种草面积					
重庆市	**合计**	**6.748**	**6.196**	**4.259**	**2.766**		**0.470**	**0.928**	**0.095**	**1 198.6**	**80 880.91**	**18 460**	**0.250**	
万州区	多花黑麦草	0.676	0.676	0.241	0.067		0.013	0.161		850	5 746.00			
涪陵区	多花黑麦草	0.121	0.100	0.020	0.010				0.010	1 120	1 355.20			
綦江区	多花黑麦草	0.097	0.097	0.097	0.090			0.007		1 150	1 115.50			
大足区	多花黑麦草	0.380	0.120	0.100	0.020		0.080			1 082	4 111.60			
黔江区	多花黑麦草	0.050	0.050	0.050	0.040		0.010			1 300	650.00			
江津区	多花黑麦草	0.200	0.130	0.060			0.020	0.040		1 530	3 060.00			
合川区	多花黑麦草	0.375	0.345	0.030			0.010	0.020		1 250	4 687.50			14
南川区	多花黑麦草	0.790	0.790	0.790	0.350		0.250	0.150	0.040	1 500	11 850.00	16 590		
璧山区	多花黑麦草	0.006	0.006	0.006			0.002	0.004		1 200	72.00			
铜梁区	多花黑麦草	0.002		0.000						2 100	42.00			
潼南区	多花黑麦草	0.250	0.250	0.250	0.200		0.020	0.030		1 430	3 575.00	1 870	0.250	
荣昌区	多花黑麦草	0.080	0.080	0.050	0.030		0.000	0.010	0.010	1 400	1 120.00			90

（续）

行政区划	饲草种类	人工种草保留面积/万亩	当年种草面积	农闲田种草面积/万亩	冬闲田种草面积	夏秋闲田种草面积	果园隙地种草面积	"四边"地种草面积	其他种草面积	单位面积产量（千克/亩）	干草总产量（折合干草）/吨	青贮量/吨	收贮面积/万亩	灌溉比例/%
开州区	多花黑麦草	0.544	0.503	0.084	0.050		0.034			1 130	6 147.20			15
梁平区	多花黑麦草	0.036	0.003	0.003	0.001		0.001	0.001		1 316	473.76			100
垫江县	多花黑麦草	0.040	0.000	0.000						1 000	400.00			100
武隆区	多花黑麦草	0.890	0.860	0.860	0.400			0.460		1 200	10 680.00			100
忠县	多花黑麦草	0.030	0.030	0.030	0.020				0.010	1 198	359.40			100
云阳县	多花黑麦草	1.700	1.700	1.200	1.200					1 200	20 400.00			100
奉节县	多花黑麦草	0.165	0.140	0.120	0.050		0.030	0.040		1 275	2 103.75			100
巫山县	多花黑麦草	0.004	0.004	0.004	0.002			0.002		1 750	70.00			100
巫溪县	多花黑麦草	0.251	0.251	0.251	0.230				0.021	800	2 008.00			100
酉阳县	多花黑麦草	0.061	0.061	0.013	0.006			0.003	0.004	1 400	854.00			100

表2－16 青贮青饲高粱生产情况

行政区划	饲草种类	人工种草保留面积/万亩	当年耕地种草面积	农闲田种草面积/万亩					单位面积产量/(千克/亩)	干草总产量(折合干草)/吨	青贮量/吨	收贮面积/万亩	灌溉比例/%
				冬闲田种草面积	夏秋闲田种草面积	果园隙地种草面积	"四边"地种草面积	其他种草面积					
重庆市	**合计**	**2.008**	**1.816**	**1.468**	**0.877**		**0.016**	**0.575**	**1 141.3**	**22 916.55**	**10 201**		
涪陵区	青贮青饲高粱	0.013	0.013	0.000					1 050	136.50			
綦江区	青贮青饲高粱	0.010	0.010	0.010	0.002		0.008		760	76.00			
大足区	青贮青饲高粱	0.075	0.038	0.033	0.023		0.008	0.002	1 280	960.00			
黔江区	青贮青饲高粱	0.300	0.300	0.300				0.300	1 200	3 600.00			
铜梁区	青贮青饲高粱	0.030	0.030	0.030				0.030	1 000	300.00			
开州区	青贮青饲高粱	0.022	0.022	0.002	0.002				1 180	259.60	350		
梁平区	青贮青饲高粱	0.007	0.002	0.002					1 201	84.07			25
城口县	青贮青饲高粱	0.023	0.023	0.023	0.020			0.003	1 320	303.60	60		
丰都县	青贮青饲高粱	0.389	0.389	0.270	0.270				1 170	4 551.30	6 949		
垫江县	青贮青饲高粱	0.040							1 090	436.00			
武隆区	青贮青饲高粱	0.130	0.110	0.110	0.110				1 200	1 560.00	642		
忠县	青贮青饲高粱	0.006	0.006	0.000	0.000				1 298	77.88			100

（续）

行政区划	饲草种类	人工种草保留面积/万亩		农闲田种草面积/万亩					单位面积产量/(千克/亩)	干草总产量(折合干草)/吨	青贮量/吨	收贮面积/万亩	灌溉比例/%
			当年耕地种草面积	冬闲田种草面积	夏秋闲田种草面积	果园隙地种草面积	"四边"地种草面积	其他种草面积					
云阳县	青贮青饲高粱	0.520	0.520						1 100	5 720.00	200		
巫溪县	青贮青饲高粱	0.240	0.240		0.450			0.240	1 000	2 400.00			
石柱县	青贮青饲高粱	0.090							1 000	900.00			
秀山县	青贮青饲高粱	0.038	0.038						1 320	501.60			
酉阳县	青贮青饲高粱	0.075	0.075						1 400	1 050.00	2 000		

表 2-17　苏丹草生产情况

行政区划	饲草种类	人工种草保留面积/万亩		农闲田种草面积/万亩				单位面积产量（千克/亩）	干草总产量（折合干草）/吨	青贮量/吨	收贮面积/万亩	灌溉比例/%
			当年耕地种草面积	冬闲田种草面积	夏秋闲田种草面积	果园隙地种草面积	"四边"地种草面积	其他种草面积					
重庆市	**合计**	**0.225**	**0.212**		**0.092**	**0.008**	**0.112**		**1 097.4**	**2 469.26**			
万州区	苏丹草	0.042	0.042				0.042		802	336.84			
梁平区	苏丹草	0.011							1 000	110.00			
忠　县	苏丹草	0.002			0.092	0.008			1 246	24.92			
奉节县	苏丹草	0.170	0.170				0.070		1 175	1 997.50			100

45

表2-18 饲用黑麦生产情况

行政区划	饲草种类	人工种草保留面积/万亩 合计	农闲田种草面积/万亩 当年耕地种草面积	农闲田种草面积/万亩 合计	冬闲田种草面积	夏秋闲田种草面积	果园隙地种草面积	"四边"地种草面积	其他种草面积	单位面积产量/(千克/亩)	干草总产量(折合干草)/吨	青贮量/吨	收贮面积/万亩	灌溉比例/%
重庆市	**合计**	**0.185**	**0.184**	**0.180**	**0.094**		**0.026**	**0.050**	**0.010**	**560.5**	**1 037.00**	**300**		
南川区	饲用黑麦	0.065	0.064	0.060				0.050	0.010	580	377.00			
奉节县	饲用黑麦	0.120	0.120	0.120	0.094		0.026			550	660.00	300		

表2-19 饲用燕麦生产情况

行政区划	饲草种类	人工种草保留面积/万亩 合计	农闲田种草面积/万亩 当年耕地种草面积	农闲田种草面积/万亩 冬闲田种草面积	夏秋闲田种草面积	果园隙地种草面积	"四边"地种草面积	其他种草面积	单位面积产量/(千克/亩)	干草总产量(折合干草)/吨	青贮量/吨	收贮面积/万亩	灌溉比例/%
重庆市	**合计**	**0.003**	**0.003**						**430.0**	**12.90**			
秀山县	饲用燕麦	0.003	0.003						430.0	12.90			

表 2 - 20 墨西哥类玉米生产情况

行政区划	饲草种类	人工种草保留面积/万亩			农闲田种草面积/万亩				单位面积产量/(千克/亩)	干草总产量(折合干草)/吨	青贮量/吨	收贮面积/万亩	灌溉比例/%
			当年耕地种草面积		冬闲田种草面积	夏秋闲田种草面积	果园隙地种草面积	"四边"地种草面积	其他种草面积					
重庆市	**合计**	**0.031**	**0.030**	**0.007**	**0.003**			**0.004**		**979.4**	**303.6**			
万州区	墨西哥类玉米	0.009	0.009	0.003				0.003		890	80.1			
永川区	墨西哥类玉米	0.001	0.003	0.003						1 350	13.5			
铜梁区	墨西哥类玉米	0.003	0.003	0.003	0.003					1 000	30.0			
酉阳县	墨西哥类玉米	0.018	0.018	0.001				0.001		1 000	180.0			

表2-21　饲用块根块茎作物生产情况

行政区划	饲草种类	人工种草保留面积/万亩	当年耕地种草面积	农闲田种草面积/万亩	冬闲田种草面积	夏秋闲田种草面积	果园隙地种草面积	"四边"地种草面积	其他种草面积	单位面积产量/(千克/亩)	干草总产量(折合干草)/吨	青贮量/吨	收贮面积/万亩	灌溉比例/%
重庆市	合计	**10.533**	**9.646**	**4.566**	**1.291**	**1.710**	**0.130**	**0.825**	**0.610**	**608.3**	**64 070.55**	**39 945**		
万州区	饲用块根块茎作物	2.213	0.889			0.220		0.669		678	15 004.14	39 300		
黔江区	饲用块根块茎作物	0.600	0.600						0.600	700	4 200.00			30
江津区	饲用块根块茎作物	0.012	0.012							1 010	121.20			
开州区	饲用块根块茎作物	1.590	1.510		0.200	0.520				600	9 540.00			
城口县	饲用块根块茎作物	0.725	0.725					0.005		375	2 718.75			
垫江县	饲用块根块茎作物	0.580			0.011	0.010				670	3 886.00			
武隆区	饲用块根块茎作物	0.023	0.022					0.001		800	184.00			
忠　县	饲用块根块茎作物	0.106								451	478.06	643		100
云阳县	饲用块根块茎作物	0.980	0.900			0.900				400	3 920.00			
奉节县	饲用块根块茎作物	2.210	1.240		1.040	0.060	0.060	0.070	0.010	620	13 702.00			

（续）

行政区划	饲草种类	人工种草保留面积/万亩	农闲田种草面积/万亩					单位面积产量/(千克/亩)	干草总产量(折合干草)/吨	青贮量/吨	收贮面积/万亩	灌溉比例/%
		当年耕地种草面积	冬闲田种草面积	夏秋闲田种草面积	果园隙地种草面积	"四边"地种草面积	其他种草面积					
巫山县	饲用块根块茎作物	0.440	0.440					800	3 520.00			
巫溪县	饲用块根块茎作物	0.190	0.190	0.040				800	1 520.00	2		
秀山县	饲用块根块茎作物	0.444	0.444			0.070		810	3 596.40			
酉阳县	饲用块根块茎作物	0.420	0.300				0.080	400	1 680.00			

四、商品草生产情况

2022年，重庆市商品草生产情况见表2-22。

表2-22　商品草

行政区划	饲草种类	饲草类别	生产面积/万亩	单位面积产量/（千克/亩）
重庆市	**合计**		**0.983**	**16 767**
渝北区	其他多年生饲草	多年生	0.040	3 000
永川区	狼尾草	多年生	0.101	2 650
梁平区	狼尾草	多年生	0.040	2 617
丰都县	狼尾草	多年生	0.220	2 460
	青贮青饲高粱	一年生	0.030	1 180
	青贮玉米	一年生	0.020	1 060
西阳县	狼尾草	多年生	0.032	2 800
彭水县	狼尾草	多年生	0.500	1 000

五、草产品加工企业生产情况

2022年，重庆市草产品加工企业生产情况见表2-23。

表2-23　草产品加工

行政区划	企业名称	饲草种类	饲草类别	干草实际生产量/吨
重庆市				
梁平区	重庆市小白水农业开发有限公司	狼尾草	多年生	
丰都县	丰都县大地牧歌农业发展有限公司	狼尾草	多年生	
		青贮青饲高粱	一年生	
		青贮玉米	一年生	
西阳县	酉阳县翰勇皇竹草种植专业合作社	狼尾草	多年生	
彭水县	重庆如泰裕丰农业科技发展有限公司	狼尾草	多年生	

生产情况

干草总产量（折合干草）/吨	商品干草总产量/吨	商品干草销售量/吨	青贮量/吨	青贮销售量/吨	灌溉比例/%
16 797.30			**25 559**	**21 793**	
1 200.00					50
2 676.50			13 000	10 000	100
1 046.80			1 759	1 493	
5 412.00			8 600	8 600	
354.00			900	900	
212.00			500		
896.00			800	800	
5 000.00					100

企业生产情况

草捆产量/吨	草块产量/吨	草颗粒产量/吨	草粉产量/吨	其他产量/吨	青贮产品生产量/吨	草种生产量/吨
					17 559	
					1 759	
					8 600	
					900	
					500	
					800	
					5 000	

六、农闲田可利用面积情况

2022年，重庆市农闲田可利用面积情况见表2-24。

表2-24　农闲田可利用

行政区划	农闲田可种草面积/万亩				
	冬闲田可种草面积	夏秋闲田可种草面积	果园隙地可种草面积	"四边"地可种草面积	其他类型可种草面积
重庆市	**524.935**	**271.997**	**99.386**	**80.687**	**46.766**	**26.099**
万州区	33.160	5.360	5.370	13.990	5.980	2.460
涪陵区	1.130	0.110	0.130	0.390	0.050	0.450
北碚区	20.005	2.800	2.400	4.300	10.503	0.002
綦江区	36.200	29.500	3.200	2.000	1.500	
大足区	39.600	30.000	8.000	0.600	0.500	0.500
渝北区	2.530	1.000		1.500		0.030
黔江区	24.630	7.340	5.970	5.500	2.320	3.500
江津区	3.250	0.630	0.530	0.860	0.780	0.450
合川区	1.200			0.800	0.400	
永川区	34.150	24.600	9.000	0.150	0.300	0.100
南川区	3.600	1.000	1.000	0.600	0.500	0.500
璧山区	20.300	14.800	4.900	0.220	0.280	0.100
铜梁区	0.065		0.005			0.060
潼南区	2.300	0.900	0.900	0.300	0.200	
荣昌区	70.000	58.600	8.600	1.810	0.600	0.390
开州区	1.052	0.860		0.192		
梁平区	0.046	0.006	0.023	0.009	0.008	
城口县	3.090	0.250	1.270	0.760	0.790	0.020
丰都县	51.090	18.950	10.010	15.230	6.900	
武隆区	4.020	1.400	1.200	0.600	0.800	0.020
忠　县	72.850	36.350	23.490	8.000	2.970	2.040
云阳县	15.620	4.820	4.000	4.500	2.300	
奉节县	21.200	8.600	3.420	5.500	2.420	1.260
巫山县	12.335	7.431	0.822	1.985	0.612	1.485
巫溪县	6.348	0.270	0.116	0.231	0.231	5.500
石柱县	31.330	10.420	4.030	5.460	5.210	6.210
秀山县	0.004				0.002	0.002
酉阳县	5.830	5.000	0.500	0.200	0.110	0.020
彭水县	8.000	1.000	0.500	5.000	0.500	1.000

面积情况

	农闲田已种草面积/万亩				
	冬闲田已种草面积	夏秋闲田已种草面积	果园隙地已种草面积	"四边"地已种草面积	其他类型已种草面积
14.549	**4.154**	**4.168**	**0.799**	**2.404**	**3.024**
1.619	0.067	0.220	0.123	1.209	
0.020	0.010				0.010
0.002					0.002
0.136	0.090	0.010	0.010	0.026	
0.143	0.020	0.023	0.080	0.018	0.002
0.010					0.010
2.150	0.040		0.010		2.100
0.060			0.020	0.040	
0.030			0.010	0.020	
1.040	0.350		0.250	0.266	0.174
0.007			0.002	0.005	
0.053		0.003			0.050
0.625	0.200	0.375	0.020	0.030	
0.050	0.030			0.010	0.010
0.087	0.050		0.037		
0.005	0.001	0.002	0.001	0.001	
0.848	0.200	0.600		0.035	0.013
0.745		0.745			
1.076	0.411	0.190		0.465	0.010
0.030	0.020				0.010
2.830	1.200	1.630			
1.868	1.184	0.360	0.129	0.185	0.010
0.019	0.002	0.010	0.005	0.002	0.000
1.076	0.270		0.102	0.087	0.617
0.003				0.001	0.002
0.017	0.009			0.004	0.004

七、农闲田种草情况

2022年，重庆市农闲田种草情况见表2-25。

表2-25 农闲田种草情况

行政区划	饲草种类	饲草类别	合计	农闲田已种草面积/万亩				
				冬闲田已种草面积	夏秋闲田已种草面积	果园隙地已种草面积	"四边"地已种草面积	其他类型已种草面积
重庆市	合计		14.549	4.154	4.168	0.799	2.404	3.024
	小计		1.619	0.067	0.220	0.123	1.209	
	白三叶	多年生	0.074			0.050	0.024	
	红三叶	多年生	0.095			0.060	0.035	
	菊苣	多年生	0.018				0.018	
	狼尾草	多年生	0.097				0.097	
	苇状羊茅	多年生	0.160				0.160	
万州区	多花黑麦草	一年生	0.241	0.067		0.013	0.161	
	墨西哥类玉米	一年生	0.003				0.003	
	饲用块根块茎作物	一年生	0.889		0.220		0.669	
	苏丹草	一年生	0.042				0.042	

（续）

行政区划	饲草种类	饲草类别		农闲田已种草面积/万亩				
				冬闲田已种草面积	夏秋闲田已种草面积	果园隙地已种草面积	"四边"地已种草面积	其他类型已种草面积
涪陵区	**小计**		**0.020**	**0.010**				**0.010**
	多花黑麦草	一年生	0.020	0.010				0.010
北碚区	**小计**		**0.002**					**0.002**
	狼尾草	多年生	0.002					0.002
綦江区	**小计**		**0.136**	**0.090**	**0.010**	**0.010**	**0.026**	
	狼尾草	多年生	0.012			0.010	0.002	
	多花黑麦草	一年生	0.097	0.090			0.007	
	青贮青饲高粱	一年生	0.010		0.002		0.008	
	青贮玉米	一年生	0.017		0.008		0.009	
大足区	**小计**		**0.143**	**0.020**	**0.023**	**0.080**	**0.018**	**0.002**
	多花黑麦草	一年生	0.100	0.020		0.080		
	青贮青饲高粱	一年生	0.033		0.023		0.008	
	青贮玉米	一年生	0.010				0.010	0.002
渝北区	**小计**							**0.010**
	其他多年生饲草	多年生	0.010					0.010

（续）

行政区划	饲草种类	饲草类别		农闲田已种草面积/万亩		果园隙地已种草面积	"四边"地已种草面积	其他类型已种草面积
				冬闲田已种草面积	夏秋闲田已种草面积			
黔江区	小计		**2.150**	**0.040**		**0.010**		**2.100**
	多花黑麦草	一年生	0.050	0.040		0.010		
	青贮青饲高粱	一年生	0.300					0.300
	青贮玉米	一年生	1.200					1.200
	饲用块根块茎作物	一年生	0.600					0.600
江津区	小计		**0.060**			**0.020**	**0.040**	
	多花黑麦草	一年生	0.060			0.020	0.040	
合川区	小计		**0.030**			**0.010**	**0.020**	
	多花黑麦草	一年生	0.030			0.010	0.020	
南川区	小计		**1.040**	**0.350**		**0.250**	**0.266**	**0.174**
	白三叶	多年生	0.080				0.040	0.040
	多年生黑麦草	多年生	0.080				0.026	0.054
	狼尾草	多年生	0.030					0.030
	多花黑麦草	一年生	0.790	0.350		0.250	0.150	0.040
	饲用黑麦	一年生	0.060				0.050	0.010

（续）

行政区划	饲草种类	饲草类别		农闲田已种草面积/万亩		果园隙地已种草面积	"四边"地已种草面积	其他类型已种草面积
				冬闲田已种草面积	夏秋闲田已种草面积			
璧山区	小计		**0.007**			**0.002**	**0.005**	
	菊苣	多年生	0.001				0.001	
	多花黑麦草	一年生	0.006			0.002	0.004	
铜梁区	小计		**0.053**		**0.003**			**0.050**
	其他多年生饲草	多年生	0.020					0.020
	多花黑麦草	一年生	0.003		0.003			
	墨西哥类玉米	一年生						
	青贮青饲高粱	一年生	0.030					0.030
潼南区	小计		**0.625**	**0.200**	**0.375**	**0.020**	**0.030**	
	多花黑麦草	一年生	0.250	0.200		0.020	0.030	
	青贮玉米	一年生	0.375	0.000	0.375			
荣昌区	小计		**0.050**	**0.030**			**0.010**	**0.010**
	多花黑麦草	一年生	0.050	0.030			0.010	0.010
开州区	小计		**0.087**	**0.050**		**0.037**		
	狗尾草	多年生	0.003			0.003		
	多花黑麦草	一年生	0.084	0.050		0.034		

重庆草业2022

（续）

行政区划	饲草种类	饲草类别	小计	农闲田已种草面积/万亩				
				冬闲田已种草面积	夏秋闲田已种草面积	果园隙地已种草面积	"四边"地已种草面积	其他类型已种草面积
梁平区	小计		**0.005**	**0.001**	**0.002**	**0.001**	**0.001**	
	多花黑麦草	一年生	0.003	0.001		0.001	0.001	
	青贮青饲高粱	一年生	0.002		0.002			
城口县	小计		**0.848**	**0.200**	**0.600**		**0.035**	**0.013**
	青贮青饲高粱	一年生	0.023		0.020			0.003
	青贮玉米	一年生	0.100		0.060		0.030	0.010
	饲用块根块茎作物	一年生	0.725	0.200	0.520		0.005	
丰都县	小计		**0.745**		**0.745**			
	青贮青饲高粱	一年生	0.270		0.270			
	青贮玉米	一年生	0.475		0.475			
武隆区	小计		**1.076**	**0.411**	**0.190**		**0.465**	**0.010**
	白三叶	多年生	0.005				0.004	0.001
	多花黑麦草	一年生	0.860	0.400			0.460	
	青贮青饲高粱	一年生	0.110		0.110			
	青贮玉米	一年生	0.079		0.070			0.009
	饲用块根块茎作物	一年生	0.022	0.011	0.010		0.001	

（续）

行政区划	饲草种类	饲草类别	小计	农闲田已种草面积/万亩		果园隙地已种草面积	"四边"地已种草面积	其他类型已种草面积
				冬闲田已种草面积	夏秋闲田已种草面积			
忠县	**小计**	一年生	**0.030**	**0.020**				**0.010**
	多花黑麦草	一年生	0.030	0.020				0.010
云阳县	**小计**	一年生	**2.830**	**1.200**	**1.630**			
	多花黑麦草	一年生	1.200	1.200				
	青贮青饲高粱	一年生	0.450		0.450			
	青贮玉米	一年生	0.280		0.280			
	饲用块根块茎作物	一年生	0.900		0.900			
奉节县	**小计**	多年生	**1.868**	**1.184**	**0.360**	**0.129**	**0.185**	**0.010**
	白三叶	多年生	0.001			0.001		
	多年生黑麦草	多年生	0.003			0.002	0.001	
	红三叶	多年生	0.001				0.001	
	菊苣	多年生	0.002				0.002	
	聚合草	多年生	0.002			0.002		
	紫花苜蓿	多年生	0.001				0.001	
	多花黑麦草	一年生	0.120	0.050		0.030	0.040	

（续）

农闲田已种草面积/万亩

行政区划	饲草种类	饲草类别	已种草面积	冬闲田已种草面积	夏秋闲田已种草面积	果园隙地已种草面积	"四边"地已种草面积	其他类型已种草面积
奉节县	青贮玉米	一年生	0.208		0.208			
	饲用黑麦	一年生	0.120	0.094		0.026		
	饲用块根块茎作物	一年生	1.240	1.040	0.060	0.060	0.070	0.010
	苏丹草	一年生	0.170		0.092	0.008	0.070	
	小计		**1.076**	**0.270**		**0.102**	**0.087**	**0.617**
巫山县	白三叶	多年生	0.002			0.002		
	紫花苜蓿	多年生	0.003			0.003		
	多花黑麦草	一年生	0.004	0.002			0.002	
	青贮玉米	一年生	0.010		0.010			
	小计		**0.019**	**0.002**	**0.010**	**0.005**	**0.002**	
巫溪县	白三叶	多年生	0.023			0.016	0.007	
	多年生黑麦草	多年生	0.012			0.011		0.001
	红三叶	多年生	0.000					
	紫花苜蓿	多年生	0.050			0.005		0.045
	多花黑麦草	一年生	0.251	0.230				0.021

（续）

行政区划	饲草种类	饲草类别		农闲田已种草面积/万亩				
				冬闲田已种草面积	夏秋闲田已种草面积	果园隙地已种草面积	"四边"地已种草面积	其他类型已种草面积
巫溪县	青贮青饲高粱	一年生	0.240					0.240
	青贮玉米	一年生	0.310					0.310
	饲用块根块茎作物	一年生	0.190	0.040		0.070	0.080	
秀山县	小计		**0.003**				**0.001**	**0.002**
	狼尾草	多年生	0.003				0.001	0.002
酉阳县	小计		**0.017**	**0.009**			**0.004**	**0.004**
	多花黑麦草	一年生	0.013	0.006			0.003	0.004
	墨西哥类玉米	一年生	0.001				0.001	
	紫云英（非绿肥）	一年生	0.003	0.003				

八、农副资源饲用情况

2022年，重庆市农副资源饲用情况见表 2-26。

表 2-26　农副资源饲用情况

行政区划	农副产品种类	生产量/吨	饲用量/吨	加工饲用量/吨
重庆市	合计	**4 229 313**	**720 565**	**94 538**
万州区	**小计**	**290 705**	**160 104**	**62 995**
	玉米秸	126 348	95 869	62 995
	稻秸	164 357	64 235	
涪陵区	**小计**	**1 230 000**	**20 000**	
	玉米秸	650 000	4 500	
	稻秸	580 000	3 500	
	酒糟		8 500	
	豆渣		3 500	
江津区	**小计**	**514 100**	**31 690**	**35**
	红薯秧		2 700	
	花生秧		1 320	
	玉米秸	140 100	4 250	35
	稻秸	374 000	2 800	
	酒糟		18 000	
	甘蔗梢		2 620	
合川区	**小计**	**520 580**	**5 613**	**51**
	红薯秧		408	
	玉米秸	214 760	2 147	21
	稻秸	305 820	3 058	30
永川区	**小计**	**323 275**	**28 875**	**120**
	麦秸	3 380	427	

（续）

行政区划	农副产品种类	生产量/吨	饲用量/吨	加工饲用量/吨
永川区	玉米秸	81 230	320	120
	稻秸	238 665	426	
	饼粕		25 762	
	酒糟		1 940	
潼南区	小计	**21 780**	**12 152**	**8 070**
	红薯秧		860	
	玉米秸	21 780	8 720	8 070
	酒糟		2 572	
荣昌区	小计	**80 000**	**4 000**	**1 500**
	玉米秸	80 000	4 000	1 500
开州区	小计	**143 000**	**15 340**	**1 300**
	红薯秧		2 300	
	玉米秸	143 000	1 840	1 300
	酒糟		11 200	
城口县	小计	**42 215**	**11 580**	**32**
	红薯秧		11 250	
	玉米秸	42 100	310	32
	其他秸秆	115	20	
丰都县	小计	**169 569**	**247 899**	
	玉米秸	81 021	40 015	
	稻秸	88 548	1 030	
	酒糟		206 854	

（续）

行政区划	农副产品种类	生产量/吨	饲用量/吨	加工饲用量/吨
垫江县	**小计**	**199 001**	**43 037**	
	麦秸	1 328	150	
	红薯秧		12 419	
	花生秧		38	
	玉米秸	90 310	3 520	
垫江县	稻秸	107 363	7 193	
	酒糟		1 127	
	豆渣		1 715	
	其他农副资源		16 875	
云阳县	**小计**	**110 000**	**2 700**	
	玉米秸	50 000	1 800	
	稻秸	60 000	700	
	酒糟		200	
奉节县	**小计**	**208 200**	**75 110**	**11 760**
	红薯秧		13 200	
	玉米秸	179 600	53 000	8 900
	稻秸	28 600	8 500	2 860
	酒糟		410	
巫溪县	**小计**	**4 200**	**3 675**	**3 675**
	玉米秸	4 200	3 675	3 675
石柱县	**小计**	**54 000**	**6 000**	**5 000**
	玉米秸	54 000	6 000	2 000

（续）

行政区划	农副产品种类	生产量/吨	饲用量/吨	加工饲用量/吨
酉阳县	小计	**266 688**	**30 790**	**3 000**
	麦秸	195	78	
	红薯秧		127	
	玉米秸	149 760	8 085	900
	稻秸	114 071	15 850	2 100
	其他秸秆	2 662	650	
	酒糟		6 000	
彭水县	小计	**52 000**	**22 000**	
	红薯秧		1 000	
	玉米秸	50 000	20 000	
	稻秸	2 000	1 000	

九、全国草业形势分析固定监测企业生产情况

2022年，重庆市定点饲草生产企业生产与贸易情况见表2-27；定点奶牛企业粗饲料使用情况见表2-28；定点肉牛企业粗饲料使用情况见表2-29；定点肉羊企业粗饲料使用情况见表2-30。

表2-27　定点饲草生产

行政区划	企业名称	季度	饲草种类	饲草类别	种植品种	保留种植面积/万亩	年总产量/吨	年总收割茬次
梁平区	重庆市小白水农业开发有限公司	第四季度	狼尾草青贮	多年生	狼尾草	0.04	3 202	2
丰都县	丰都县大地牧歌农业发展有限公司	第四季度	狼尾草青贮	多年生	狼尾草	0.22	15 400	2

表2-28　定点奶牛企业

行政区划	企业名称	饲草种类	饲草类别
渝北区	重庆市天友纵横牧业发展有限公司两江奶牛养殖场	苜蓿干草 青贮玉米 燕麦干草	干草类 青贮类 干草类

企业生产与贸易情况

第一茬次亩均产量/(千克/亩)	第一茬产量/吨	第二茬次亩均产量/(千克/亩)	第二茬产量/吨	收购量/吨	累计销售量/吨	备注
4 000	1 600	4 005	1 602	1 500	1 480	
4 000	8 800	3 000	6 600		8 600	年生产全株玉米青贮料500吨、青贮青饲高粱900吨

粗饲料使用情况

自产自制量/吨	当年累计采购量/吨	泌乳母牛/头	总存栏数/头
4 318	331.8	411	575
	266.5		

表2-29 定点肉牛企业粗饲料使用情况

行政区划	饲草种类	饲草类别	自产自制量/吨	采购量/吨	使用量/吨	年出栏数/头	年末存栏数/头	饲养方式
丰都县	狼尾草 稻草、小麦秸秆	青贮类 秸秆类	5 645	3 697	8 431	8 028	5 900	自繁自养+短期育肥

表2-30 定点肉羊企业粗饲料使用情况

行政区划	企业名称	饲草种类	饲草类别	自产自制量/吨	使用量/吨	年出栏数/只	年末存栏数/只	饲养方式
大足区	重庆腾达牧业股份有限公司	其他饲草	其他	564	564	1 518	2 182	自繁自养

第三章

天然饲草地利用统计

2022年，重庆市天然饲草地利用情况见表3-1。

表3-1 天然饲草地利用情况

行政区划	累计承包面积/万亩				禁牧休牧轮牧面积/万亩				天然草地利用面积/万亩			
		承包到户面积	承包到联户面积	其他承包形式面积		禁牧面积	休牧面积	轮牧面积		打贮草面积	刈牧兼用面积	其他方式利用面积
重庆市	126.243	89.265	7.025	19.953	78.203	28.431	16.991	32.781	201.516	7.822	30.255	163.439
万州区	3.080	1.990	0.680	0.410	6.770	1.120	1.840	3.810	15.827	1.280	0.097	14.450
涪陵区	1.281	0.980	0.300	0.001	0.003	0.001	0.001	0.001	2.730	0.100	0.450	2.180
綦江区	0.190	0.090	0.100		0.000				0.200			0.200
大足区	8.100	5.300	2.200	0.600	3.700	1.000	0.700	2.000	5.311	0.001	1.590	3.720

（续）

行政区划	累计承包面积/万亩				禁牧休牧轮牧面积/万亩				天然草地利用面积/万亩			
	累计承包面积	承包到户面积	承包到联户面积	其他承包形式面积	禁牧休牧轮牧面积	禁牧面积	休牧面积	轮牧面积	天然草地利用面积	打贮草面积	刈牧兼用面积	其他方式利用面积
渝北区									2.670			2.670
黔江区	0.500	0.500							3.115		0.410	2.705
长寿区	0.000								0.301		0.300	0.001
江津区	0.000								0.250		0.060	0.190
永川区	0.120	0.120							0.150	0.030	0.100	0.020
南川区	3.900	3.900			3.710	1.510	1.000	1.200	3.970	1.900	1.620	0.450
璧山区	2.920	2.920							0.502	0.001	0.001	0.500
铜梁区	0.950	0.450		0.500					2.290			2.290
潼南区					0.300	0.300			1.130	0.000	0.750	0.380
开州区	11.270			11.270	12.060	5.850	2.740	3.470	19.770	0.810	1.530	17.430
梁平区	0.400	0.400							0.422	0.087	0.127	0.208
城口县	1.790	1.180	0.120	0.490	0.410	0.210	0.080	0.120	6.720		0.150	6.570
丰都县	5.410	1.270		4.140								
垫江县									0.001			0.001
武隆区	6.800	3.850	1.950	1.000	12.000	9.000	2.000	1.000	8.000			8.000

（续）

行政区划	累计承包面积/万亩				禁牧休牧轮牧面积/万亩				天然草地利用面积/万亩			
		承包到户面积	承包到联户面积	其他承包形式面积		禁牧面积	休牧面积	轮牧面积		打贮草面积	刈牧兼用面积	其他方式利用面积
忠　县	0.074	0.042		0.032					8.155		0.035	8.120
云阳县	14.100	14.100			0.800	0.800			14.500		2.200	12.300
奉节县	9.120	6.400	1.440	1.280	11.600	1.800	1.200	8.600	0.000			
巫山县	0.518	0.413	0.105	0.000	0.000	0.000	0.000	0.000	0.532	0.043	0.205	0.284
巫溪县	24.040	23.680	0.130	0.230	7.860	4.120	1.270	2.470	23.380	0.440	0.640	22.300
石柱县	6.380	6.380			4.390	1.120	1.160	2.110	8.480	1.830	4.590	2.060
酉阳县	0.300	0.300			0.600	0.600			48.110	0.300	14.400	33.410
彭水县	25.000	15.000			14.000	1.000	5.000	8.000	25.000	1.000	1.000	23.000

第四章

重庆市草业相关地方
标准制定统计（2021—2022 年）

2021—2022 年，重庆市草业相关地方标准制定统计情况见表 4-1。

表 4-1　重庆市草业相关地方标准制定情况

序号	地方标准编号	地方标准名称	代替标准编号	发布日期	实施日期
1	DB50/T 1098—2021	青贮玉米生产技术规程	—	2021 - 04 - 15	2021 - 07 - 15
2	DB50/T 1101—2021	山羊断奶羔羊育肥饲料管理技术规范	—	2021 - 04 - 15	2021 - 07 - 15
3	DB50/T 1103—2021	皇竹草机械化生产技术规范	—	2021 - 04 - 15	2021 - 07 - 15
4	DB50/T 1139—2021	饲用苎麻种植及鲜饲利用技术规程	—	2021 - 11 - 01	2022 - 02 - 01
5	DB50/T 1144—2021	山羊家庭农场建设技术规范	—	2021 - 11 - 01	2022 - 02 - 01
6	DB50/T 1150—2021	肉牛家庭农场建设技术规范	—	2021 - 11 - 01	2022 - 02 - 01
7	DB50/T 1153—2021	杂交狼尾草繁殖技术规程	—	2021 - 11 - 01	2022 - 02 - 01
8	DB50/T 1096.3—2021	杂交狼尾草种植技术规程	—	2021 - 11 - 01	2022 - 02 - 01

第四章　重庆市草业相关地方标准制定统计（2021—2022年）

（续）

序号	地方标准编号	地方标准名称	代替标准编号	发布日期	实施日期
9	DB50/T 1155—2021	有机生牛乳生产技术规程	—	2021-11-01	2022-02-01
10	DB50/T 1181—2021	饲用紫云英种植技术规程	—	2021-12-10	2022-03-10
11	DB50/T 1198—2021	涪陵水牛能繁母牛饲养管理技术规程	—	2021-12-30	2022-04-01
12	DB50/T 1199—2021	涪陵水牛犊牛饲养管理技术规程	—	2021-12-30	2022-04-01
13	DB50/T 1237—2022	中小规模肉牛养殖场粪污处理与利用技术规范	—	2022-04-20	2022-07-20
14	DB50/T 1250—2022	饲用马棘生产技术规程	—	2022-06-01	2022-09-01
15	DB50/T 1251—2022	杂交狼尾草青贮质量评定	—	2022-06-01	2022-09-01
16	DB50/T 1299—2022	饲用甜高粱与多花黑麦草轮作技术规范	—	2022-09-30	2022-12-30
17	DB50/T 1314—2022	肉牛抗热应激饲养管理技术规范	—	2022-12-25	2023-02-25
18	DB50/T 1315—2022	肉牛家庭农场养殖技术规范	—	2022-12-25	2023-02-25
19	DB50/T 1316—2022	肉牛后期快速育肥技术规范	—	2022-12-25	2023-02-25
20	DB50/T 1368—2023	饲用燕麦种植技术规程	—	2023-03-15	2023-05-15
21	DB50/T 1369—2023	饲用黑麦种植技术规程	—	2023-03-15	2023-05-15
22	DB50/T 1388—2023	饲用甜高粱与饲用燕麦轮作技术规范	—	2023-04-18	2023-07-18

附录一
草业统计指标解释

（一）天然饲草利用情况

1. 累计承包面积

明确了承包经营权的用于畜牧业生产的天然草地面积。其形式包括承包到户、承包到联户和其他承包形式，三者之间没有包含关系。单位为万亩，最多3位小数。

2. 禁牧休牧轮牧面积

为禁牧面积、休牧面积、轮牧面积之和，三者之间没有包含关系。禁牧面积，指全年不放牧的面积。休牧面积，指当年一定时期禁止放牧利用的面积。轮牧面积，指划区轮牧面积和分区轮牧面积，是按季节草场和放牧小区，依次轮回或循环放牧的面积。单位为万亩，最多3位小数。

3. 天然草地利用面积

为天然草地用于畜牧业生产的面积，包括打贮草面积、刈牧兼用面积和其他方式利用的面积，三者之间没有包含关系。单位为万亩，最多3位小数。

（二）多年生牧草生产情况

1. 当年新增人工种草面积

当年经过翻耕、播种，人工种植牧草（草本、半灌木和灌木）的面积，不包括压肥面积。同一块地块上多次播种同种多年生种类，面积不重复计算。多种类牧草混合播种，按一种主要牧草种类统计。单位为万亩，最多 3 位小数。

2. 当年耕地种草面积

当年在农耕地上种植牧草的面积。包含农闲田种草面积。单位为万亩，最多 3 位小数。

3. 农闲田种草面积

在可以种植而未种植农作物的短期闲置农耕地（农闲田）种植牧草的面积，包括冬闲田种草面积、夏秋闲田种草面积、果园隙地种草面积、"四边"地种草面积和其他类型种草面积，相互之间没有包含关系。

4. 冬闲田（冬春闲田）种草面积

利用冬季至春末闲置的农耕地种植牧草，并能够达到牧草成熟或适合收割用作牲畜饲草目的的面积。注意分辨某些种类是否适合在冬闲田种植，是否影响后续农作。用作绿肥的不做统计。单位为万亩，最多 3 位小数。

5. 夏秋闲田面积

利用夏季至秋末闲置的农耕地种植牧草用作牲畜饲草的面积。注意分辨某些种类是否适合在夏秋闲田种植，是否影响后续农作。用作绿肥的不做统计。单位为万亩，最多 3 位小数。

6. 果园隙地面积

利用果园空隙地种植牧草用作牲畜饲草的面积。注意分辨某些种类是否适合在果园隙地种植，是否影响果园正常管理。种植牧草用作果园保护、绿肥或者生境改善的面积不做统计。单位为万亩，最多 3 位小数。

7. "四边"地面积

利用村边、渠边、路边、沟边的空隙地种植牧草用作牲畜饲草的面积。所种牧草不用作牲畜饲草的面积不做统计。单位为万亩，最多 3 位小数。

8. 其他类型面积

利用除冬闲田、夏秋闲田、果园隙地和"四边"地以外的农闲田种植牧草用作牲畜饲草的面积。所种牧草不用作牲畜饲草的面积不做统计。单位为万亩,最多3位小数。

9. 人工种草保留面积

经过人工种草措施处理后进行生产的面积,包含往年种植且在当年生产的面积和当年新增人工种草面积。多种类牧草混合播种,按一种主要牧草种类统计。单位为万亩,最多3位小数。

10. 人工种草单产

种草保留面积上单位面积干草的产量。保留面积有数值,单产为必填项。单位为千克/亩,取整数,计干重。

11. 鲜草实际青贮量

当年青贮加工的鲜草数量。注意分辨某些种类是否真实用作青贮或能够青贮,填报数为青贮时的数量。单位为吨,取整数。

12. 灌溉比例

实际进行灌溉的面积比例,不论灌溉次数。单位为%,取整数。

(三)一年生牧草生产情况

1. 牧草类型

包括一年生牧草种类、越年生牧草种类和饲用作物。饲用作物是指以生产青饲料为目的且用于草食牲畜饲喂的作物。

2. 当年种草面积

当年种植且在当年进行生产的面积,用作绿肥的面积不做统计。同一块地不同季节种植不同牧草,分别按照牧草种类统计面积。同一地块多次重复种植同种牧草的面积不累计。多种类牧草混合播种,按一种主要牧草种类统计。单位为万亩,最多3位小数。

3. 灌溉比例

取实际进行灌溉的面积比例,不论灌溉次数。单位为%,取整数。

4. 单位面积产量

单位面积上干草产量。饲用作物折合干重。单位为千克/亩,取整数,计干重。

5. 鲜草实际青贮量

当年实际青贮的鲜草数量。注意分辨某些种类是否真实用作青贮或能够青贮。单位为吨，取整数。

6. 当年耕地种草面积

当年在农耕地上种植牧草的面积。包含农闲田种草面积。单位为万亩，最多 3 位小数。

7. 农闲田种草面积

在可以种植而未种植农作物的短期闲置农耕地（农闲田）种植牧草的面积，包括冬闲田种草面积、夏秋闲田种草面积、果园隙地种草面积、"四边"地种草面积和其他类型种草面积，相互之间没有包含关系。

8. 冬闲田（冬春闲田）种草面积

利用冬季至春末闲置的农耕地种植牧草，并能够达到牧草成熟或适合收割用作牲畜饲草目的的面积。注意分辨某些种类是否适合在冬闲田种植，是否影响后续农作。用作绿肥的不做统计。单位为万亩，最多 3 位小数。

9. 夏秋闲田面积

利用夏季至秋末闲置的农耕地种植牧草用作牲畜饲草的面积。注意分辨某些种类是否适合在夏秋闲田种植，是否影响后续农作。用作绿肥的不做统计。单位为万亩，最多 3 位小数。

10. 果园隙地面积

利用果园空隙地种植牧草用作牲畜饲草的面积。注意分辨某些种类是否适合在果园隙地种植，是否影响果园正常管理。种植牧草用作果园保护、绿肥或者生境改善的面积不做统计。单位为万亩，最多 3 位小数。

11. "四边"地面积

利用村边、渠边、路边、沟边的空隙地种植牧草用作牲畜饲草的面积。所种牧草不用作牲畜饲草的面积不做统计。单位为万亩，最多 3 位小数。

12. 其他类型面积

利用除冬闲田、夏秋闲田、果园隙地和"四边"地以外的农闲田种植牧草用作牲畜饲草的面积。所种牧草不用作牲畜饲草的面积不做统计。单位为万亩，最多 3 位小数。

(四) 牧草种子生产情况

1. 草种田面积

人工建植的专门用于生产牧草种子的面积，不含"天然草场采种"面积。单位为万亩，最多 3 位小数。

2. 单位面积产量

单位面积上草种干种子重量。单位为千克/亩，取整数。

3. 草场采种量

在天然或改良草地采集的多年生牧草种子量，不统计面积和单位面积产量。单位为吨，最多 3 位小数。

4. 灌溉比例

实际进行灌溉的草种田面积比例，不论灌溉次数。单位为％，取整数。

5. 草种销售量

当年销售的牧草种子数量。外购进来再次销售的数量不做统计。单位为吨，最多 3 位小数。

6. 牧草种类

选择"饲用块根块茎作物"时，填写"块根块茎种茎类名称"。"计量单位"填个、千克、株、块等。"总数量"填写实际计量单位的数量。"每吨计量单位数量"填写每吨对应的计量单位数量。如："计量单位"填"株"，"总数量"为 500 000（株），"每吨计量单位数量"为 5 000 株，说明块根、块茎、种茎类牧草按照计量单位"株"统计，总数量为 500 000 株，每吨包含 5 000 株，总数量折合 500 000÷5 000＝100 吨。

(五) 商品草生产情况

1. 生产面积

专门用于生产以市场流通交易为目的的商品牧草的种植面积。单位为万亩，最多 3 位小数。

2. 灌溉比例

实际进行灌溉的商品草生产面积比例，不论灌溉次数。单位为％，取整数。

3. 单位面积产量

单位面积上商品草干重。单位为千克/亩，取整数。

4. 商品干草总产量

实际生产的能够进行流通交易的商品干草数量。注意分辨某些种类是否实际生产干草。单位为吨，最多1位小数。

5. 商品干草销售量

实际销售的商品干草数量。单位为吨，最多1位小数。

6. 鲜草实际青贮量

实际青贮的能够进行流通交易的商品鲜草数量。注意分辨某些种类是否实际青贮。单位为吨，取整数，不折合干重。

7. 青贮销售量

实际销售的青贮产品数量。单位为吨，取整数，不折合干重。

（六）草产品企业生产情况

1. 企业名称

包含草产品生产加工公司、合作社、厂（场）等。填写全称。

2. 干草实际生产量

实际生产的干草产品数量。包括草捆产量、草块产量、草颗粒产量、草粉产量和其他产量。注意分辨某些种类是否实际生产干草或者产品种类。单位为吨，最多1位小数。

3. 青贮产品生产量

实际青贮的鲜草数量。注意分辨某些种类是否实际青贮。单位为吨，最多1位小数。

4. 草种生产量

实际生产的牧草种子干重，不论是用于销售或自用。单位为吨，最多1位小数。

（七）农副资源饲用情况

1. 产量

农副资源可用作畜禽饲草料的生产总量。非秸秆类不统计产量。单位为吨，取整数。

2. 饲用量

农副资源实际饲喂畜禽的总量。单位为吨，取整数。

3. 加工饲用量

农副资源经过黄贮、微贮、氨化等加工后饲喂畜禽的总量。非秸秆类不统计加工饲用量。切碎、拉丝、粉碎等物理措施不算作加工。单位为吨，取整数。

（八）农闲田面积情况

1. 农闲田可种草面积

可以种植牧草的短期闲置农耕地面积，包括冬闲田可种草面积、夏秋闲田可种草面积、果园隙地可种草面积、"四边"地可种草面积和其他类型可种草面积，相互之间没有包含关系。单位为万亩，最多3位小数。

2. 农闲田已种草面积

已种植牧草，由多年生牧草农闲田种草面积合计和一年生牧草农闲田种草面积合计汇总获得。已种草面积不得大于可种草面积。

3. 冬闲田（冬春闲田）可种草面积

冬季至春末可以种植牧草的闲置耕地面积。单位为万亩，最多3位小数。

4. 夏秋闲田可种草面积

夏季至秋末可以种植牧草的闲置耕地面积。单位为万亩，最多3位小数。

5. 果园隙地可种草面积

果园空隙地中可以种植牧草的面积。单位为万亩，最多3位小数。

6. "四边"地可种草面积

村边、渠边、路边、沟边的空隙地可以种植牧草的面积。单位为万亩,最多3位小数。

7. 其他类型可种草面积

除冬闲田、夏秋闲田、果园隙地和"四边"地以外的农闲田可以种植牧草的面积。单位为万亩,最多3位小数。

资料来源:全国畜牧总站。

附录二
2022 年重庆市草业主导
品种和主推技术名录

一、重庆市农业农村委员会发布的 2022 年重庆市农业主推技术

重庆市农业农村委员会发布的 2022 年重庆市农业主推技术共 50 项，涉及草业的有 2 项，见表 1。

表 1 2022 年重庆市草业主推技术

序号	推荐单位	技术名称
1	重庆市畜牧技术推广总站	饲草高效生产及养畜配套技术
2	重庆市畜牧科学院	杂交狼尾草规范化种植利用配套技术

资料来源：重庆市农业农村委员会办公室印发的《关于发布 2022 年全市农业引领性技术和主推技术的通知》（渝农办发〔2022〕78 号）。

二、重庆市畜牧技术推广总站发布的 2022 年重庆市畜牧主导品种和主推技术

（一）主导品种

1. 牧草及饲用作物种类（7 个）

一年生黑麦草、饲用玉米、饲用甜高粱、杂交狼尾草、饲用燕

麦、红三叶、白三叶。

2. 乳用牛（2 个）

中国荷斯坦奶牛、娟姗牛。

3. 肉用牛（3 个）

西门塔尔牛、安格斯牛、川南山地牛。

4. 羊（6 个）

大足黑山羊、渝东黑山羊、川东白山羊、板角山羊、波尔山羊、湖羊。

5. 兔（2 个）

伊拉配套系兔、伊普吕配套系兔。

（二）主推技术（6 项）

1. 优质牧草高效生产技术

技术要点：农牧融合，农机农艺结合。饲草规模化生产，土地宜机整治，筛选优质适宜饲草品种，开展适宜规模种植，草畜配套，利用饲草发展牛羊产业。

2. 饲草料加工利用技术

技术要点：青贮窖标准化建设，青贮料加工、贮存，青干草调制利用，玉米秸秆、豆类秸秆等农副资源饲料化利用。

3. 山羊适度规模养殖技术

技术要点：标准化改扩建圈舍，优选杂交组合，羔羊保育管理，科学补饲及快速育肥，疫病综合防控，高产饲草种植及天然放牧地利用。

4. 肉牛快速育肥技术

技术要点：架子牛的选择与调运，驱虫健胃，称重分群，定时饲喂，全株青贮玉米等优质饲草加工及利用。全混合日粮（TMR）饲喂，疫病防控，适时出栏。

5. 肉兔健康高效养殖技术

技术要点：使用优良种兔和人工授精，调控兔舍环境，应用全价颗粒饲料，全进全出饲养，推广替抗产品，程序化免疫，粪污无害化处理，建立养殖溯源档案。

6. 固体粪便好氧堆肥技术

技术要点：通过"三改两分"（改水冲清粪为干式清粪，改无限用水为控制用水，改明沟排污为暗道排污；固液分离，雨污分离），分离后的固体粪便在好氧微生物作用下充分发酵，达标后作为农家肥或商品有机肥还田利用。根据堆肥过程中供氧方法不同以及是否有专用设备，分为条垛堆肥、静态通气堆肥、槽式好氧堆肥和反应器堆肥 4 种方式。

资料来源：重庆市畜牧技术推广总站印发的《关于推介发布重庆市 2022 年畜牧主导品种和主推技术的通知》（渝牧发〔2022〕7 号）。

附录三
畜牧生产防减高温干旱和
洪涝灾害技术措施

夏季，我国多地尤其南方地区易受持续高温和台风等天气现象影响，进而引起干旱、洪涝等自然灾害。为降低和减少灾害对畜牧业造成的不利影响和损失，确保生产正常进行，及时针对灾害类别情况，采取相应防减技术措施十分必要。

（一）防减高温干旱灾害技术措施

1. 房舍隔热、圈舍降温

通过对养殖房舍加宽屋檐、搭设凉棚、栏舍上方或四周加盖遮阳网布等方式，减少阳光照射。也可通过加强场区绿化，在房舍周边种植藤蔓植物等方式减少太阳辐射。有条件的，可使用温度较低的深井水进行屋顶喷淋、圈舍地面喷洒、舍内喷雾等，达到降低舍内温度的目的，但要注意舍内湿度控制。

2. 圈舍通风降温

开启圈舍门窗，增加自然通风，加强空气对流。也可使用通风设备，在开放式圈舍安装风扇进行正压通风；在封闭式圈舍安装排气扇、湿帘等进行负压通风，降低舍内温度。

3. 调整饲养量，稀养降温

调控生产计划，适当降低饲养密度，避免出现畜禽拥挤，以减少彼此间的热量传递。

4. 供给充足饮水

提供足量、清洁、新鲜、清凉的饮用水源，保证自由饮用，使畜禽能够及时补充因大量散热而流失的水分。可在饮水中适量加入防暑降温药物，增强防暑功效。

5. 调整日粮结构，改善适口性，提高营养水平

适当提高日粮蛋白质水平和能量浓度，增加青绿多汁饲料、湿拌料以增进畜禽食欲。可适当添加营养补充剂及其他消暑物品，增强畜禽抗热应激能力，缓解热应激反应。新鲜饲草匮乏时，可为草食牲畜投喂青贮饲料、优质干草等。

6. 调整喂料时间和饲喂方法

高温季节畜禽易出现食欲减退情况，应避开高温时段，在气温相对较低的清晨和傍晚投饲。也可早上喂料提前，晚上投喂夜料；增加早晚料量，减少中午投喂。放牧养殖的，改日间放牧为早、晚放牧为宜，尽量避免中午高温直晒。

7. 调整饲养管理

减少畜禽转群、混群次数，尽量全进全出。出栏时间适当提前，适时淘汰老弱、低产畜禽；已过产蛋高峰期的家禽可提前淘汰。盛夏酷暑季节，严禁高温时段引种、运输畜禽；即使夜间运输，也应降低密度，避免拥挤、中暑等。

8. 中暑处置

加强巡察观察，发现畜禽出现中暑症状，及时将其转至阴凉通风安静地方，进行紧急降温处置，严重的要及时治疗。

9. 搞好圈舍及环境卫生

及时打扫清除畜禽舍内污物，保持圈舍清洁、卫生、干燥。定期或不定期采用环保药物和措施消毒圈舍及周边环境，杀灭蚊、蝇，减少鼠、虫，防止疫病传播、干扰畜禽正常休息。

10. 储备消暑物资，防控疫病发生

若遇持续高温，养殖场（户）应适当储备防暑降温物资，以备不时之需。发现患病畜禽，应迅速隔离，及时对症施治处置。

（二）防减洪涝灾害技术措施

1. 预防洪涝技术措施

（1）提前排查处置灾害隐患

全面检查养殖场内用水用电情况，更换漏水漏电管线，确保正常、安全运行；及早检修畜禽棚圈、设施设备，疏通排水管道、沟渠。将低位处的饲草料、生产设备、劳动工具等各类物资做好标识，转移到地势较高的安全位置；必要时提前将畜禽转移至其他安全处饲养。依山而建或地势较低的养殖场，要防范山体滑坡、雨水倒灌等造成损失。

（2）加强人员值守，储备防洪物资

各养殖场（户）尤其要加强汛期人员值守，及时查看、了解天气预报，根据气象资料做好应急预案、落实应急措施；储备足够的饲草饲料、药品用具、设施设备零配件以及拦沙阻水的防洪物资等。

2. 洪灾后恢复生产技术措施

（1）尽快修复圈舍及设施设备

洪涝灾害后，迅速组织人员对遭受影响的畜禽圈舍、棚栏、围墙、粪污处理及水管电线等设施设备进行检修、维护、更新，保证不漏电、不漏雨、不积水，能够安全使用。粪污处理场所发生雨水流入的，要及时采取措施，防止污物随雨水流出或造成其他污染。

（2）清理消毒圈舍及周围环境

及时清除被洪水浸泡圈舍、棚栏及生产场地内遗留的淤泥、粪污和各类杂物，冲洗地面、墙壁，清理雨水、污水沟渠管道系统，保持排水畅通。补救因水毁损的绿化植物，及时对畜禽、养殖场所、周围环境进行消毒灭源。根据不同消毒需要，采用不同的消毒药物、方式，重点做好圈舍、运动场和周边环境、运输车辆、用具、饮用水源等的消毒工作，不留死角。

（3）加强饲养管理

降低饲养密度，加强圈舍通风换气。被淹饲料要及时干燥、脱毒，严禁饲喂发霉变质饲料。可在饲粮中适当添加一些维生素、电解质及免疫增强剂等，以增强肌体的抗应激力和抵抗力。水淹畜禽要及时对症处理，散养鸡尤其注意预防呼吸道疾病和球虫病等。舍饲草食畜禽日粮组成尽量多样化，做到搭配合理、营养全面。

（4）注意饮水管理

被水淹没、污染的饮水器和水槽、食槽等，须清洗、消毒后方可使用。饮水最好采用自来水。被洪水污染过的井水、江河等天然水体不可直接饮用；确需使用的，要先进行沉淀处理，再用漂白粉等消毒，或通过煮沸等方式直接杀菌消毒。牛、羊等放牧牲畜，放牧前要充分饮水，以防止牲畜在放牧过程中因口渴而饮用污水导致疾病。洪水淹没过的草地禁止放牧。

（5）重点保护种畜禽生产，及时恢复产能

种畜禽是灾后生产自救的基础，要及时观察、保护母畜，必要时注射安定保胎药物。为流产牲畜增加营养，促进肌体恢复，争取尽早配种。加强仔畜、幼禽保育工作。灾后不宜立即补栏，要观察了解本场及周围养殖场情况正常后，方可考虑引种补栏。应从证照齐全、生产管理水平较高和售后服务较好的种畜禽场引种，并取得检验检疫合格证明等相关证照文件。

（6）加强巡查监测，做好疫病防控

及时掌握灾后疫情动态，充分发挥各级动物疫病监测机构和实验室作用，重点对口蹄疫、猪瘟、蓝耳病、链球菌病和鸡新城疫、禽流感等重大动物疫病进行检测、监测，确保大灾之后无大疫。

（7）做好无害化处理

因灾死亡的畜禽要按规定交由具备处理能力的无害化处理场（厂），及时、规范进行无害化处理。采用就地深埋等方式处理的，须按相关技术规范、规定操作，有关部门要做好技术指导和现场监督，防止次生灾害发生。

（8）切实加强自我防护

养殖场（户）饲养管理及工作人员在灾后恢复生产的同时，要严格遵守防疫规定，注意自身保护。饲养管理人员要穿戴防护服装（鞋、帽），勤洗手、勤消毒，及时处治伤口，尽量避免直接接触病死畜禽；感觉不适时，要及时就医，防止感染、传播疫病。

图书在版编目（CIP）数据

重庆草业.2022 / 刘学福等主编 .—北京：中国农业出版社，2024.5
ISBN 978-7-109-31952-3

Ⅰ.①重… Ⅱ.①刘… Ⅲ.①草原－畜牧业经济－统计分析－重庆－2022 Ⅳ.①F326.3

中国国家版本馆 CIP 数据核字（2024）第 092542 号

中国农业出版社出版

地址：北京市朝阳区麦子店街 18 号楼
邮编：100125
责任编辑：全　聪
版式设计：李　文　责任校对：吴丽婷
印刷：中农印务有限公司
版次：2024 年 5 月第 1 版
印次：2024 年 5 月北京第 1 次印刷
发行：新华书店北京发行所
开本：880mm×1230mm　1/32
印张：3.25
字数：83 千字
定价：48.00 元